Para

com votos de paz.

DIVALDO FRANCO
POR DIVERSOS ESPÍRITOS
ORGANIZADO POR ALVARO CHRISPINO

AOS ESPÍRITAS
Coletânea de mensagens psicografadas sobre a unificação, o Movimento Espírita e os espíritas

Salvador
2. ed. – 2024

COPYRIGHT © (2005)
CENTRO ESPÍRITA CAMINHO DA REDENÇÃO
Rua Jayme Vieira Lima, 104
Pau da Lima, Salvador, BA.
CEP 412350-000
SITE: https://mansaodocaminho.com.br
EDIÇÃO: 2. ed. (1ª reimpressão) – 2024
TIRAGEM: 1.000 exemplares (milheiro 11.700)
COORDENAÇÃO EDITORIAL
Lívia Maria C. Sousa

REVISÃO
Adriano Ferreira
CAPA
Cláudio Urpia
MONTAGEM DE CAPA
Marcus Falcão
EDITORAÇÃO ELETRÔNICA
Marcus Falcão
COEDIÇÃO E PUBLICAÇÃO
Instituto Beneficente Boa Nova

PRODUÇÃO GRÁFICA
LIVRARIA ESPÍRITA ALVORADA EDITORA – LEAL
E-mail: editora.leal@cecr.com.br

DISTRIBUIÇÃO
INSTITUTO BENEFICENTE BOA NOVA
Av. Porto Ferreira, 1031, Parque Iracema. CEP 15809-020
Catanduva-SP.
Contatos: (17) 3531-4444 | (17) 99777-7413 (WhatsApp)
E-mail: boanova@boanova.net
Vendas on-line: https://www.livrarialeal.com.br

Dados Internacionais de Catalogação na Publicação (CIP)
(Catalogação na fonte)
BIBLIOTECA JOANNA DE ÂNGELIS

F825   FRANCO, Divaldo Pereira. (1927)

        Aos espíritos: coletânea de mensagens psicografadas sobre a unificação, o Movimento Espírita e os espíritos. 2. ed. / Por diversos Espíritos [psicografado por] Divaldo Pereira Franco; organizado por Alvaro Chrispino. Salvador: LEAL, 2024.
        232 p.
        ISBN: 978-85-8266-202-1

        1. Espiritismo 2. Unificação 3. Espíritas
        I. Franco, Divaldo II. Chrispino, Alvaro III. Título

CDD: 133.93

Bibliotecária responsável: Maria Suely de Castro Martins – CRB-5/509

DIREITOS RESERVADOS: todos os direitos de reprodução, cópia, comunicação ao público e exploração econômica desta obra estão reservados, única e exclusivamente, para o Centro Espírita Caminho da Redenção. Proibida a sua reprodução parcial ou total, por qualquer meio, sem expressa autorização, nos termos da Lei 9.610/98.
Impresso no Brasil | Presita en Brazilo

SUMÁRIO

Introdução (Movimento Espírita: esquecer para lembrar) 7

1. Compromisso com a fé espírita 15
2. A unificação dos espíritas é trabalho para todos os dias 21
3. Ante a unificação 27
4. Unificação e união 31
5. União e unificação 35
6. Ante o novo Santuário de Ismael 37
7. Liderança no ideal 43
8. Definição espírita 47
9. Entendimento e unificação 51
10. Trabalho unificador 55
11. Unificação 59
12. Aos espíritas gaúchos 63
13. Renovar unificando 67
14. Desertores e acusadores do Espiritismo 69
15. Fidelidade doutrinária 75
16. A missão do consolador 81
17. Templo espírita 87
18. Centro Espírita 93
19. O Centro Espírita 95

20. Os novos obreiros do Senhor (Labor em equipe) 97

21. Na seara espírita 111

22. Vivência espírita 115

23. Ante a seara espírita 119

24. Convite aos espíritas 123

25. Novos rumos 129

26. Porta e chave 135

27. Fenômeno e doutrina 139

28. Promoção 143

29. Planejamento 147

30. Momento de avaliação 151

31. Equipe de trabalho 155

32. Donde vens? 159

33. Carta aos companheiros 163

34. Sociologia espírita 169

35. Tarefas espíritas 175

36. Terapêuticas evangélicas 179

37. Problemas e Doutrina Espírita 183

38. Teste tríplice 187

39. O congresso 189

40. Confissão-apelo 193

41. A grande usina 199

Ordenação por autor espiritual 203

Pequeno glossário 205

Referências 223

Introdução

Movimento Espírita:
esquecer para lembrar

É preciso navegar. Deixando para trás as terras e os portos de nossos pais e avós, nossos navios têm de buscar a terra dos nossos filhos e netos, ainda não vista, desconhecida.

Nietzsche

O aprendizado se dá por repetição. Vamos aprendendo o que a sociedade acumula de conhecimento ao longo de sua existência. A escola transmite saberes previamente organizados e nos avalia de acordo com os acertos de nossas respostas às perguntas que estão padronizadas. Na relação social, vamos fazendo e reproduzindo, como autônomos, mesmo que de forma inconsciente, padrões e valores, comportamentos e reações, que são transmitidos ao longo das gerações que se sucedem.

Na verdade, vivemos em um mundo que considera que o que fazemos de igual é o mais correto e o mais adequado. Somos levados sempre à repetição e à reprodução espontânea de princípios e comportamentos que não mais se submetem à análise da crítica.

Para que exista mudança de essência, é indispensável que façamos opções inovadoras e, para tal, temos que

esquecer o que o longo trajeto nos <u>incutiu</u>[*] – o conhecimento sem reflexão – para deixarmos emergir o que dorme
de verdade em cada um de nós. Poderíamos apresentar essa
ideia-síntese a partir de uma expressão feliz de Hermínio
C. Miranda[1]: "Precisamos lembrar do esquecido". Vejamos
como essa ideia-síntese é exemplificada por Rubem Alves,[2]
um dos mais importantes e produtivos educadores brasilei-
ros, cujo texto reproduzimos na íntegra para que nenhum
detalhe seja perdido:

O SAPO

Era uma vez um lindo príncipe por quem todas as moças se
apaixonavam. Por ele também se apaixonou uma bruxa hor-
renda que o pediu em casamento. O príncipe nem ligou, e
a bruxa ficou muito brava. "Se não vai casar comigo, não vai
casar com ninguém mais!". Olhou fundo nos olhos dele e disse: "Você vai virar um sapo!". Ao ouvir essa palavra, o príncipe
sentiu um estremeção. Teve medo. Acreditou. E ele virou aquilo que a palavra de feitiço tinha dito. Sapo. Virou um sapo.

Bastou que virasse sapo para que se esquecesse de que era
príncipe. Viu-se refletido no espelho real e se espantou: "Sou
um sapo. Que é que estou fazendo no palácio do príncipe?
Casa de sapo é charco". E com essas palavras pôs-se a pular
na direção do charco. Sentiu-se feliz ao ver lama. Pulou e
mergulhou. Finalmente de novo em casa.

Como era sapo, entrou na escola de sapos para aprender as
coisas próprias de sapo. Aprendeu a coaxar com voz grossa.
Aprendeu a jogar a língua para fora para apanhar moscas distraídas. Aprendeu a gostar do lodo. Aprendeu que as sapas

---

(*) As acepções dos verbetes sublinhados encontram-se ao final desta obra
no *Pequeno glossário*.

1. MIRANDA, Hermínio Corrêa de. **A memória e o tempo**. 1. ed. São
Paulo: Edicel, 1986, p. 57.

2. ALVES, Rubem. **A alegria de ensinar**. 1. ed. Campinas: Papirus Editora,
2000, p. 33-37 (notas do organizador).

eram as mais lindas criaturas do Universo. Foi aluno bom e aplicado. Memória excelente. Não se esquecia de nada. Daí suas notas boas. Até foi primeiro colocado nos exames finais, o que provocou a admiração de todos os outros sapos, seus colegas, aparecendo até nos jornais. Quanto mais aprendia as coisas de sapo, mais sapo ficava. E quanto mais aprendia a ser sapo, mais se esquecia de que um dia fora príncipe. A aprendizagem é assim: para se aprender de um lado, há que se esquecer do outro. Toda aprendizagem produz esquecimento.

O príncipe ficou enfeitiçado. Mas feitiço – assim nos ensinaram na escola – é coisa que não existe. Só acontece nas estórias da carochinha.

Engano. Feitiço acontece sim. A estória diz a verdade.

Feitiço: o que é? Feitiço é quando uma palavra entra no corpo e o transforma. O príncipe ficou possuído pela palavra que a bruxa falou. Seu corpo ficou igual à palavra.

A estória do príncipe que virou sapo é a nossa própria estória. Desde que nascemos, continuamente, palavras nos vão sendo ditas. Elas entram no nosso corpo, e ele vai se transformando. Virando uma outra coisa, diferente da que era. Educação é isto: o processo pelo qual os nossos corpos vão ficando iguais às palavras que nos ensinam. Eu não sou eu: eu sou as palavras que os outros plantaram em mim. Como disse Fernando Pessoa: "Sou o intervalo entre o meu desejo e aquilo que os desejos dos outros fizeram de mim". Meu corpo é o resultado de um enorme feitiço. E os feiticeiros foram muitos: pais, mães, professores, padres, pastores, gurus, líderes, políticos, livros, TV. Meu corpo é um corpo enfeitiçado: porque o meu corpo aprendeu as palavras que lhe foram ditas, ele esqueceu de outras que, agora, permanecem mal... ditas...

A psicanálise acredita nisso. Ela vê cada corpo como um sapo dentro do qual está um príncipe esquecido. Seu objetivo não é ensinar nada. Seu objetivo é o contrário: desensinar ao sapo sua realidade sapal. Fazê-lo esquecer-se do que aprendeu, para que ele possa lembrar-se do que esqueceu. Quebrar o feitiço. Coisa que até mesmo certos filósofos (poucos) percebem. A maioria se dedica ao refinamento da realidade sapal. Também os sapos se dedicam à filosofia... Mas Wittgenstein,[3] filósofo para ninguém botar defeito, definia a filosofia como uma "luta contra o feitiço" que certas palavras exercem sobre nós. Acho que ele acreditava nas estórias da carochinha...

Tudo isso apenas como introdução à enigmática observação com que Barthes[4] encerra sua descrição das metamorfoses do educador. Confissão sobre o lugar aonde havia chegado, no momento da velhice.

"Há uma idade em que se ensina aquilo que se sabe. Vem, em seguida, uma outra, quando se ensina aquilo que não se sabe. Vem agora, talvez, a idade de uma outra experiência: aquela de desaprender. Deixo-me, então, ser possuído pela força de toda vida viva: o esquecimento..."

Esquecer para lembrar. A psicanálise nenhum interesse tem por aquilo que se sabe. O sabido, lembrado, aprendido é a realidade sapal, o feitiço que precisa ser quebrado. Imagino que o sapo, vez por outra, se esquecia da letra do coaxar, e, no vazio do esquecimento, surgia uma canção. "Desafinou!", berravam os maestros. "Esqueceu-se da lição", repreendiam os professores. Mas uma jovem que se assentava à beira da lagoa juntava-se a ele, num dueto... E o sapo, assentado na lama, desconfiava...

"Procuro despir-me do que aprendi", dizia Alberto Caeiro.[5] "Procuro esquecer-me do modo de lembrar que me ensinaram, e raspar a tinta com que me pintaram os sentidos, desencaixotar minhas emoções verdadeiras, desembrulhar-me, e ser eu..."

---

3. Refere-se a Ludwig Wittgenstein (1889-1951), filósofo austríaco que viveu grande parte de sua vida na Inglaterra e lecionou na Universidade de Cambridge. Tinha como preocupação central a análise da linguagem.

4. Refere-se a Roland Barthes (1915-1980), crítico e ensaísta francês cujos estudos desenvolveram a linguagem natural e a semiologia – ciência dos signos.

5. Alberto Caeiro é outro heterônimo de Fernando Pessoa e os trechos citados são do poema *Deste modo ou daquele modo*, que faz parte do livro *O guardador de rebanhos* (notas do organizador).

Assim se comportavam os mestres Zen, que nada tinham para ensinar. Apenas ficavam à espreita, esperando o momento de desarticular o aprendido para, através de suas rachaduras, fazer emergir o esquecido. É preciso esquecer para se lembrar. A sabedoria mora no esquecimento.

Acho que o sapo, tão bom aluno, tão bem-educado, passava por períodos de depressão. Uma tristeza inexplicável, pois a vida era tão boa, tudo tão certo: a água da lagoa, as moscas distraídas, a sinfonia unânime da saparia, todos de acordo... O sapo não entendia. Não sabia que sua tristeza nada mais era que uma indefinível saudade de uma beleza que esquecera. Procurava que procurava, no meio dos sapos, a cura para sua dor. Inutilmente. Ela estava em outro lugar.

Mas um dia veio o beijo de amor – e ele se lembrou. O feitiço foi quebrado.

Uma bela imagem para um mestre! Uma bela imagem para o educador: fazer esquecer para fazer lembrar!

Somos Espíritos-príncipes encarcerados em corpos--sapos! A cada dia que passa, somos chamados a reproduzir a realidade perceptível e nos distanciamos da realidade esquecida. Somos príncipes e, como tais, devemos pensar, sentir e decidir.

De outra forma, podemos dizer que o Espiritismo é o príncipe que se vê refletido fisicamente no universo dos sapos. O espírito da ideia e o corpo que o movimenta. Sendo o Movimento Espírita um corpo institucional recente, somos espontaneamente levados a construí-lo com as experiências que o mundo acumulou e que reproduzimos.

Movidos pela vontade superior de servir a Jesus através das ideias superiores do Espiritismo, fazemo-lo utilizando aquilo que as palavras ensinam, aquilo que a sociedade conhece, aquilo que a História registra. Corremos o risco de fazer ao "novo" aquilo que criticamos no "velho". E como estamos envolvidos e limitados ao universo físico, não percebemos que podemos estar reproduzindo aquilo que criticamos.

Precisamos esquecer o que aprendemos e reproduzimos no campo da Religião para lembrar o que esquecemos como Espíritos imortais reencarnados. Temos que acordar, em nossas memórias de sapos, as lembranças de príncipes que somos todos nós!

E, tal qual a estória, temos as vozes companheiras que acordam em nós o príncipe esquecido: a voz da consciência, que canta dentro de nós a melodia que nos faz lembrar que somos "filhos da Luz",[6] e a voz dos imortais, que, em uníssono, fala da Vida verdadeira e de nosso compromisso com um Movimento Espírita que permita ao homem libertar-se do passado de erros pelo conhecimento, rumo a um futuro de paz, construído a partir de um presente comprometido com a transformação interior.

O que ora apresentamos é um conjunto de mensagens recebidas pelo médium Divaldo Pereira Franco, que serve de norteador para aqueles que nos dedicamos à Causa Espírita. São mensagens obtidas em épocas diferentes, de diferentes autores espirituais, sobre diferentes assuntos e que foram publicadas em diferentes obras editadas pela Livraria Espírita Alvorada Editora – LEAL ou pela revista *Reformador*.[7]

As mensagens selecionadas trazem aprendizados importantes e específicos. Esperamos que sua leitura e estudo,

---

6. FRANCO, Divaldo Pereira [por diversos Espíritos]. **Sob a proteção de Deus**. 1. ed. Salvador: Editora LEAL, 1994, p. 11.

7. Publicadas aqui com autorização da Federação Espírita Brasileira, à qual agradecemos (notas do organizador).

no conjunto da obra, permitam melhor reflexão sobre este tema de capital importância: o Movimento Espírita e o espírita que o compõe e lhe dá vida. Esperamos que sua leitura e estudo nos ajudem a melhor entender como esse Movimento Espírita se organiza, a que se destina, como se aprimora, como se relaciona com sua origem e como serve a seu destino, como acolhe seus membros, como erra e como aprende com os próprios erros. Esperamos que sua leitura e estudo contribuam para que o Movimento Espírita alcance suas reais finalidades, no tempo e velocidade devidos e com a qualidade de representação que o Espiritismo merece!

Seja esta obra a voz dos Espíritos-príncipes a despertar em nossa memória esquecida de encarnados-sapos o nosso maior compromisso: a divulgação da mensagem do Evangelho de Jesus sob a luz meridiana do Espiritismo, sem a reprodução dos equívocos humanos que a História nos ensina.

Alvaro Chrispino

1

COMPROMISSO COM A FÉ ESPÍRITA[8]

Meus filhos,
Que Jesus nos abençoe!

Vivemos nos dias tormentosos anunciados pelas Escrituras. Experimentamos as glórias da Ciência e da tecnologia, do pensamento, da arte. No entanto, caminhamos pela <u>senda</u> de espinhos que assinalam sofrimentos, reduzindo a criatura humana à violência, ao despautério, à loucura. Sem dúvida, as conquistas que anotamos em todo lugar não lograram tornar a criatura humana interior mais feliz nem mais tranquila, salvadas algumas exceções. São os instantes em que os cristãos novos estamos convocados a profundas reflexões. De todo lado, a angústia espreita, a perversidade agride e o desalinho conduz as massas. Homens e mulheres, sitiados no castelo do Eu, desvairam, porque perderam contato com o amor.

O amor é a resposta da Vida para o momento <u>truanesco</u> que atravessamos. Vivenciá-lo na grandiosidade do pensamento cristão é um convite que a Imortalidade

---

8. FRANCO, Divaldo Pereira; MENEZES, Bezerra de [Espírito]. *Compromisso com a fé espírita*. Revista **Reformador**, Brasília, ano 120, n. 2085, p. 8-9, dez. 2002 (nota do organizador).

nos faz através das *vozes do Céu*, restaurando o pensamento de Jesus, que tem permanecido vestido de dogmas, de cerimônias e de fantasias.

Torna-se indispensável romper de maneira positiva com o ergástulo no qual ainda nos encontramos vitimados. Jesus é o libertador, e a Sua mensagem, quando aceita pela mente, será vivida pelo sentimento livre de toda e qualquer manifestação dogmatista e de delinquência. Projetá-la de maneira consciente, para que a Ciência a exteriorize através do pensamento são, da palavra lúcida e das ações enobrecidas, é dever que não nos cabe postergar.

Nesses conflitos, que nos desafiam a capacidade de discernimento e nos provocam tomadas de decisões, às vezes, apressadas, há convites para desvio da finalidade que abraçamos, do compromisso que temos para com a Doutrina dos Espíritos. Se é verdade que o espiritista não se pode marginalizar em torno dos acontecimentos que sacodem a sociedade, o planeta, não menos verdade é que, comprometido com o ideal espírita, possui nos conteúdos doutrinários os instrumentos hábeis para mudar a situação que vivemos, por intermédio da educação das gerações novas, da autoeducação, mediante a transformação moral que se deve impor e também dos esclarecimentos que, libertando a criatura humana das suas paixões primitivas, tornam-na capaz de mudar as estruturas perturbadoras da sociedade.

É necessário que tenhamos muito cuidado para não nos desviarmos dos objetivos essenciais da Doutrina, que se coloca acima das questões inquietadoras deste momento.

Viver "espiriticamente" é trabalhar sem desfalecimento pela construção de uma era nova, sim, que deve começar no próprio indivíduo, na sua transformação interior.

Adversários de ontem que ressumam em forma de atavismos cruéis, e as ações de hoje que nos convocam ao prazer com o desalinho de nosso comportamento constituem perigos muito graves. Aprendemos com Jesus que muitas vezes é necessário perder em determinado momento para poder estar em paz a partir daí e triunfar na glória desenhada pela verdade. A nossa preocupação de mudar o mundo não pode abandonar o compromisso da nossa mudança interior. O nosso compromisso com a fé espírita é de urgência e todos os esforços devem ser envidados para conseguirmos esta meta.

Não nos enganemos, evitando enganarmos os outros. Jesus é o nosso líder insuperável, e Allan Kardec tem-Lhe sido discípulo de escol, que nos pôde trazer a Sua palavra vestida de luz para clarear os caminhos do futuro.

Outros apóstolos que lhes foram fiéis desincumbiram-se a contento do ministério abraçado porque não negacearam, não negligenciaram com o dever, não se permitiram abraçar as propostas fascinantes que se constituem desvios dos objetivos essenciais, a fim de receber o aplauso do mundo e permanecer no pódio das considerações terrestres.

Nunca nos esqueçamos de que o Mestre recebeu como tributo de gratidão da massa beneficiada a cruz de ignomínia que transformou em asas de luz.

Não fazemos a apologia do masoquismo perturbador, nem estabelecemos como fundamental o sofrimento, nada obstante, nele reconheçamos o melhor amigo do Espírito em processo de autoburilamento.

Sucede que a nossa proposta, pelas suas características de transformar a Terra, fere interesses individuais e coletivos, agride sistemas e organizações ultramontanos que têm permanecido na condição de dirigentes dos povos. E é natural que as reações individuais e coletivas se façam de imediato, assustando-nos ou intimidando-nos.

Não temamos nunca aqueles que nada nos podem fazer ao Espírito, embora momentaneamente nos cerceiem os passos e gerem dificuldades para a execução dos nossos programas iluminativos. Evitemos compactuar com as suas propostas muito bem estabelecidas na forma, guardando a animosidade contra os objetivos que abraçamos.

O apoio de personalidades proeminentes e de organizações poderosas agrada-nos muito, mas não esqueçamos que o nosso trabalho-desafio é o de demolir aquilo que se encontra ultrapassado, destruir as ideias esclerosadas, substituindo-as pelas novas que vieram do Mais-além e receberam a contribuição lúcida de homens e mulheres que se reencarnaram sob a égide do Espírito de Verdade, para que o *Paracleto* pudesse expandir a palavra de Jesus de polo a polo.

Em nossas reuniões verdadeiramente cristãs, nas quais podemos expender as nossas ideias, apresentar os nossos pensamentos, discordar, mas não derrapar nas discrepâncias que nos afastem uns dos outros, gerando animosidades, mantenhamos o nosso objetivo, que é servir a Jesus, sem outro e qualquer interesse.

Trabalhemos, então, unificados, amando-nos cada vez mais, para lograrmos alcançar o momento de plenitude com que o Amigo Incomparável de todos nós nos acena desde agora.

Permanecei fiéis, *obreiros da última hora*, que está assinalada pelas glórias e conquistas, pelas dores e hecatombes, construindo o Reino de Deus na grande transição que aguarda o *mundo de regeneração*.

Muita paz, meus filhos.

Que o Senhor nos abençoe. São os votos do companheiro amigo e paternal de sempre.

Bezerra de Menezes

(Mensagem psicofônica recebida pelo médium Divaldo Pereira Franco no encerramento da Reunião do Conselho Federativo Nacional na sede da FEB, em Brasília, DF, no dia 10 de novembro de 2002.)

2

A UNIFICAÇÃO DOS ESPÍRITAS É TRABALHO PARA TODOS OS DIAS[9]

Meus filhos,

Que nos abençoe Jesus!

O momento da <u>sega</u> encontra-se distante. O solo que deve ser arroteado aguarda obreiros diligentes. Os céus permanecem penumbrosos, e as dificuldades, desafiadoras. Indispensável que o semeador dê prosseguimento ao compromisso de <u>ensementar</u> a palavra de luz na terra dos corações. Em toda parte quase <u>medra</u> o <u>escalracho</u> ameaçador. O <u>sarçal</u> permanece estrangulando as plântulas que começam a apontar bandeiras de esperança após a germinação. Mais do que nunca se tornam indispensáveis os cuidados com a irrigação, com a adubagem em relação às pragas que se vêm aninhando multimilenarmente na ensementação do bem. Alarga-se a proposta de Jesus desvelada pela Revelação Espírita. Uma grande alegria toma conta das mentes e dos corações que laboram na <u>seara</u> de luz.

---

9. FRANCO, Divaldo Pereira; MENEZES, Bezerra de [Espírito]. *A unificação dos espíritas é trabalho para todos os dias.* Revista **Reformador**, Brasília, ano 116, n. 2026, p. 20-21, jan. 1998 (nota do organizador).

Merece, no entanto, considerar que tudo aquilo que se desenvolve na superfície padece a atrofia da profundidade.

Os ideais, à medida que se vulgarizam, perdem em qualidade o que logram conquistar em quantidade.

A Terceira Revelação não é excepcional concessão de Deus que passe entre os homens em caráter privilegiado. Constitui-nos – a nós, espíritas de ambos os planos da Vida – bênção e honra a vinculação aos <u>postulados</u> da Codificação Espírita, mas também sobre nós repousam as responsabilidades graves em torno de como nos utilizaremos da concessão superior para torná-la aceita pelas multidões necessitadas de paz, perdidas no báratro de si mesmas, ansiosas por encontrar o rumo.

Um labor como o do Espiritismo, que visa à transformação moral da Terra mediante a modificação interior da criatura para melhor, é o mais grandioso desafio que a inteligência contemporânea enfrenta e que os sentimentos humanos defrontam.

É natural, meus filhos, que haja chuvas de <u>calhaus</u>, que haja problemas à frente, que surjam incompreensões, que apareçam provocações de toda natureza.

Admirando e amando os cristãos primitivos que se doaram em holocausto, oferecendo a própria existência física para que pudéssemos fruir a bênção da mensagem libertadora hoje, não nos podemos esquecer da contribuição que nos é exigida pela Lei de Progresso, preparando os dias de amanhã.

Não estranhemos, portanto, as conjunturas difíceis, as lutas inevitáveis e, forrados de fraternidade, de espírito de amor, sejamos nós aqueles que compreendamos os que nos não compreendem, que toleremos aqueles que não estejam caminhando conosco, envolvendo-os na vibração dúlcida da nossa simpatia em prece, dando-lhes o direito de ser livres na forma de proceder, de nos encarar e até mesmo nos combater.

Se, por acaso, alguém se levanta como nosso adversário ideológico ou se ergue como nosso inimigo pessoal, eis-nos diante do testemunho da nossa fé. Espiritismo hoje é Cristianismo pulsante de ontem, convidando-nos ao amor, para que todos saibam em definitivo que somos discípulos de Jesus, o Amigo antagonizado pelo poder temporal, pelas injunções políticas, pelos caprichos religiosos, fiel, no entanto, a Deus, ao objetivo do trabalho a que se entregou até a consumpção do corpo.

Não há alternativa hoje senão palmilhar os caminhos que Ele percorreu.

A unificação dos espíritas é nosso trabalho para todos os dias, para todas as horas do nosso Movimento. Paulatinamente, é conquista realizada, passo a passo, *urgente*, porquanto se torna necessária para que a fragmentação, para que as dissensões, para que o egotismo dos indivíduos e dos grupos não semeiem discórdias graves, nem ameacem o patrimônio doutrinário.

Cumpre-vos transferirdes às gerações porvindouras, com a pulcritude que recebestes, o patrimônio espírita legado pelos benfeitores da Humanidade e codificado pelo ínclito Allan Kardec, preparando as gerações novas que nos sucederão na jornada de construção do mundo novo.

Colocai nos seus corações infantis a palavra de ordem, o amor à proposta de libertação, a educação, para que a sabedoria venha guiar-lhes os passos na Era Nova que se avizinha.

Mas, vós porfiai com espírito de combate desarmado dos instrumentos fratricidas e equipado com os admiráveis recursos do amor, da solidariedade, da caridade.

A sega ainda não está à vista.

Uni-vos, amando-vos uns aos outros, mesmo quando discrepando nas observações, na óptica, mas firmados nos ideais estruturais dos postulados espíritas exarados na introdução da obra básica *O Livro dos Espíritos*.

Que a maneira de interpretar não constitua obstáculo para o objetivo do amor, desde que pretendemos unir-nos aos que ainda não conhecem Deus ou se negam a aceitá-lO; àqueles que não fazem parte da grei na qual mourejamos, ou a essoutros que se colocam como adversários irônicos e cruéis do Cristo Redivivo.

Como poderíamos ter atitude diferente com as ovelhas do mesmo aprisco, que momentaneamente preferem permanecer aguardando a voz do pastor ou caminhando isoladas, mas seguindo o mesmo rumo?

Abrem-se novos horizontes; estamos mais perto. Entidades e criaturas, retifiquemos nossas arestas com o buril da parlamentação, evitando a lixa grosseira da acrimônia, da crítica mordaz, que somente perturbam em vez de ajudar.

Reunidos, tornamo-nos identificados com o espírito do Cristo e fortes no ideal. Separados, abrimos campo a investidas soezes do mal, que ainda encontra predomínio em nós próprios.

Guardemos na mente que os maiores inimigos não estão fora, não são aqueles que erguem o dedo e a voz acusadores, são as nossas imperfeições, que nos levam a revidar, a anatematizar, a ferir e a nos tornarmos inimigos em nome de um ideal de fraternidade.

Se não lograrmos, identificados no postulado maior do amor, tolerar-nos, se não conseguirmos respeitar-nos, como teríamos a coragem de pregar a solidariedade aos outros, tolerância para com os outros, em nome do trabalho de construção do mundo novo?

Espírita, a palavra é uma condecoração que não se coloca sobre indumentária para evidenciar indivíduos, mas que se implanta no <u>cerne</u> do ser, muitas vezes como ferida aberta em chaga viva a <u>exsudar</u> esperança e amor.

Semeai e semeai!

Não importa que alguns grãos caiam em solo árido, na greta do asfalto, porque a que tombar no solo <u>ubérrimo</u> dará espigas de luz de mil por um grão, reverdecendo o mundo.

Estais convidados à união, trabalhando pela unificação das casas espíritas no Brasil e no mundo.

Sede, pois, fiéis até o fim.

Não há alternativa que vos possamos oferecer.

Muita paz, meus filhos, é o que suplica ao Senhor, em nome dos Espíritos-espíritas aqui presentes, o servidor humílimo e paternal de sempre.

Bezerra de Menezes

(Mensagem psicofônica recebida pelo médium Divaldo Pereira Franco na Reunião Ordinária do Conselho Federativo Nacional, em Brasília, DF, no dia 9 de novembro de 1997.)

3

ANTE A UNIFICAÇÃO[10]

Meus Filhos,
Que Jesus nos abençoe no momento em que a Humanidade abre espaços novos para as responsabilidades da solidariedade e do amor!

Quando a Ciência, projetando a criatura fora do Sistema Solar, acena-lhe as possibilidades de entendimento do infinito, nós, os cristãos-espíritas, descobrimos, em profundidade maior, a grandeza da tarefa que temos pela frente para realizar. Não mais os <u>empeços</u> do caminho nem as dificuldades e <u>urzes</u> tentando impedir-nos o avanço. A grandeza da Doutrina Espírita, representada na unidade dos princípios, agora <u>jaz</u> na expressão superior da unificação dos espíritos, para que nada <u>tisne</u> a pureza diamantina do conteúdo que nos serve de luz interior para nortear a jornada terrestre.

Vivemos, como de todos é sabido, o momento máximo da grande transição que se aproxima e na qual já nos encontramos.

---

10. FRANCO, Divaldo Pereira; MENEZES, Bezerra de [Espírito]. **Compromissos iluminativos**. 1. ed. Salvador: Editora LEAL, 1991, p. 107-109 (nota do organizador).

Hora de demolição de antigos valores, em que a ética se apresenta enlouquecida, o Cristo de Deus ressurge da história do passado para comandar os destinos do homem, através dessas bases augustas que constituem a certeza última da vida: a imortalidade, a reencarnação – expressando a Divina Justiça –, o conhecimento que liberta e o amor que santifica.

Sobre vós, as graves responsabilidades do nosso Movimento na Pátria do Cruzeiro. Como é verdade que vivemos um clima de liberdade doutrinária, não menos verdade é que a identidade de princípios deve ser a viga mestra que nos una para que possamos trabalhar com perfeito entendimento de objetivos, deixando à margem a <u>contenda</u> inútil, as lutas infrutíferas, para trabalharmos em diálogos fraternos na <u>consecução</u> das metas que todos perseguimos.

O Espiritismo, meus filhos, veio para ficar. É Doutrina dos Espíritos que os homens devem preservar, ampliando a fonte de informações, por serem, por sua vez, Espíritos na romagem carnal.

Os testemunhos, agora, não vêm de fora, nem o ideal atinge a sua culminância sem a contribuição do martírio, que aqui deve ser recebido como este sentimento de fidelidade e amor que custa o sacrifício do idealista.

Houve tempo em que se fazia necessária a doação da vida física; posteriormente, da liberdade individual; agora é o selo do silêncio ante a afronta, para não oferecer combustível aos embates infelizes que grassam em toda parte.

"Os meus discípulos, disse Jesus, serão conhecidos por muito se amarem" – e este amor, representado na expressão da caridade, que é nossa bandeira de paz, deve prevalecer acima de quaisquer conjunturas individualistas em que o personalismo <u>sobrenada</u> de forma avassaladora.

Unamo-nos, sim, e sempre. É verdade que as ideias permanecem no mundo conforme os idealistas que as expõem, sobretudo pela conduta que eles mantêm. Recebemos de Allan Kardec e dos pioneiros do Espiritismo universal o exemplo de equidade, de nobreza, de sacrifício que devemos honrar graças à Misericórdia de Deus, nosso Pai, e ao amor do Cristo, nosso Modelo perfeito e Guia único.

Levai a todas as partes esta identidade de propósitos, superando as <u>diatribes</u> e equacionando-os com a técnica do amor, sem vos afastardes das linhas mestras do comportamento espírita, mas não deixando espaços para que aí a incerteza, a frivolidade e o egoísmo instalem as suas baterias <u>nefandas</u> que possam perturbar a marcha dos acontecimentos.

Espíritas, meus filhos! Exoremos a Deus que nos dê resistência contra o mal, que ainda reside em nós, e que possais permanecer à frente das vossas atividades, como seareiros fiéis e devotados, até o momento terminal da vilegiatura orgânica, para que saiais do corpo vitoriosamente e possais dizer: aqui o servo perfeito, o que apenas fez o que lhe foi recomendado.

Bezerra de Menezes

(Mensagem psicofônica recebida pelo médium Divaldo Pereira Franco durante a reunião do Conselho Federativo Nacional na FEB, em Brasília, DF, no dia 2 de novembro de 1985.)

4

UNIFICAÇÃO E UNIÃO[11]

Espíritas, meus irmãos!

Quando as <u>clarinadas</u> de um novo dia em luz nos anunciam os chegados tempos do Senhor; quando uma era de paz prepara a nova Humanidade neste momento dominada pela angústia e batida pela desesperação, façamos a viagem de volta para dentro de nós.

No instante em que os valores externos perdem a sua significação, impulsionando-nos a buscar Deus no coração e através de nossos irmãos, somos convidados à responsabilidade maior de amar, de servir e de passar...

Jesus, meus amigos, é mais do que um símbolo. É uma realidade em nossa existência. Não é apenas um ser que transitou da manjedoura à Cruz, mas o exemplo cuja vida se transformou num evangelho de realizações chamando por nós.

Necessário, em razão disso, aprofundar o pensamento na obra de Allan Kardec para poder viver Jesus em toda plenitude.

---

11. MENEZES, Bezerra de [Espírito]. *Unificação e união.* In: FRANCO, Divaldo Pereira [por diversos Espíritos]. **Sementes de vida eterna.** 1. ed. Salvador: Editora LEAL, 1978, p. 71-74 (nota do organizador).

Estamos convidados ao banquete da era melhor, do Evangelho imortal, e ninguém se pode escusar, a pretexto algum.

Dias houve em que poderíamos dizer que não estávamos informados a respeito da verdade. Hoje, porém, sabemos... Agora que a conhecemos por experiência pessoal, vivamos o Cristo de Deus em nossas atitudes, a fim de que o sol espírita não apresente a mensagem de luz dificultada pelas nuvens densas que caracterizam o egoísmo humano, o ressentimento, a vaidade...

Unificação, sim. União também.

Imprescindível que nos unifiquemos no ideal Espírita, mas que, acima de tudo, unamo-nos como irmãos.

Os nossos postulados devem ser desdobrados e vividos dentro de uma linha austera de dignidade e nobreza. Sem embargo, que os nossos sentimentos vibrem em uníssono, refletindo as emoções de amigos que se desejam ajudar e de irmãos que não se permitem avançar, deixando a retaguarda juncada de cadáveres ou assinalada pelos que não tiveram força para prosseguir...

A tarefa de unificação é paulatina; a tarefa da união é imediata. Enquanto a tarefa do trabalho é incessante, porque jamais terminaremos o serviço, já que somos servos imperfeitos e fazemos apenas a parte que nos está confiada.

Amar, no entanto, é o impositivo que o Senhor nos concedeu e que a Doutrina nos ensina.

Unamo-nos, amemo-nos, realmente, e dirimamos as nossas dúvidas, retificando as nossas opiniões, as nossas dificuldades e os nossos pontos de vista diante da mensagem clara e sublime da Doutrina com que Allan Kardec enriquece a Nova Era, compreendendo que lhe somos simples discípulos. Como discípulos, não podemos ultrapassar o mestre.

Demo-nos as mãos e ajudemo-nos; esqueçamos as opiniões contraditórias para recordarmos dos conceitos de identificação, confiando no tempo, que é o grande enxugador de lágrimas e tudo corrige.

Não vos conclamamos à inércia, ao parasitismo, à aceitação tácita, sem a discussão ou o exame das informações.

Convidamos-vos à dinâmica do amor, mesmo divergindo, porque assim se expressa o vosso ideal, não, porém, dissentindo, porque tal seria romper as bases da vossa unidade.

Recordemos, na palavra de Jesus, que "a casa dividida rui", todavia ninguém pode arrebentar um feixe de varas que se agregam numa união de forças.

É por isso, Espíritas, meus irmãos, que a unificação deve prosseguir, mas a união deve viger em nossos corações.

Somos semeadores do tempo melhor. Somos os pomicultores da Era Nova. A colheita que faremos em nome de Jesus caracterizará o nosso trabalho.

Adiante, meus irmãos, na busca da aurora dos novos tempos!

Jesus é o Mestre por excelência, e Allan Kardec é o discípulo fiel.

Sejamos nós os continuadores honrados e nobres da Sua obra de amor e da Sua lição de sabedoria...

E quando as sombras da desencarnação descerem sobre vós, nós outros, os já desencarnados, acercar-nos-emos de vós para receber-vos, e, então, podereis dizer:

– *Aqui estamos, Senhor, servos deficientes que reconhecemos ser, porque apenas fizemos o que nos foi determinado.*

Ele, porém, magnânimo, justo e bom, dir-vos-á:

– *Vinde a mim, filhos de meu Pai, entrai no gozo da paz.*

Bezerra de Menezes

(Mensagem psicofônica recebida em 20 de abril de 1975 e publicada na revista *Reformador* de fevereiro de 1976 com o título: *Unificação paulatina, união imediata, trabalho incessante...*)

5

UNIÃO E UNIFICAÇÃO

Filhos e filhas da alma!
Que Jesus nos abençoe!
A união dos espíritas é ação que não pode ser postergada, e a unificação é o laço de segurança dessa união.

A união vitaliza os ideais dos trabalhadores, mas a unificação condu-los ao equilíbrio pelas fileiras do serviço.

A união demonstra a excelência da qualidade da Doutrina Espírita nos corações, mas a unificação preserva essa qualidade para que passe à posteridade conforme recebemos do ínclito codificador

Em união somos felizes. Em unificação estamos garantindo a preservação do Movimento Espírita ante os desafios do futuro.

Em união teremos resistência para enfrentar o mal que existe em nós e aquele que cerca nosso caminho, tentando impossibilitar-nos o avanço. Em unificação estaremos consolidando as atividades que o futuro coroará de bênçãos.

Em união marcharemos ajudando-nos reciprocamente. Em unificação estaremos ampliando os horizontes da divulgação doutrinária em bases corretas e equilibradas.

Com união demonstraremos a nós mesmos que é possível amar sem exigir nada. Com unificação colocaremos as ideias pessoais em plano secundário, objetivando a coletividade.

Com união construiremos o bom, o belo e o nobre. Com unificação teremos de volta o pensamento do codificador, desejando a unidade da Doutrina e do Movimento Espírita.

Com união entre os companheiros encarnados, tornar-se-á mais fácil o intercâmbio entre nós outros, os que os precedemos na viagem de volta, e os que rumam pela estrada difícil.

Com unificação estaremos vivenciando o Evangelho de Jesus, quando o mestre assevera: "Um só rebanho, um só pastor".

Unindo-nos com os propósitos dos mentores da Humanidade que esperam a influência que o Espiritismo provocará no mundo à medida que seja conhecido e adotado nas áreas da Ciência, das artes, do pensamento filosófico e das religiões.

União para unificação é o desafio do momento.

Rogando a Jesus que nos abençoe e nos dê a sua paz, sou o servidor humílimo e paternal de sempre.

Bezerra de Menezes

(Mensagem psicofônica recebida pelo médium Divaldo Franco no 1º Congresso Espírita do Estado do Rio de Janeiro, em Niterói, RJ, em 25 de janeiro de 2004.)

6

ANTE O NOVO SANTUÁRIO DE ISMAEL[12]

Meus amigos:
Que o Senhor nos abençoe!
Eis-nos a caminho da redenção!
Nem os entusiasmos juvenis, nem as decepções.

Enquanto brilha a luz da oportunidade de servir, soa o nosso momento de agir.

Ainda ontem, fascinados pelos <u>ouropéis</u>, abandonamos nossos compromissos maiores com Jesus para entronizar a loucura, campeando desarvorados pelo solo <u>juncado</u> de vítimas que a nossa imprevidência tentava justificar. Ainda ontem, com a mente levantada para os altos cimos da vida, acreditávamo-nos senhores do poder, disseminando a incompreensão e a prepotência para sobreviver nos braços do desequilíbrio. Não faz muito, meus amigos, tentando repetir as experiências da Boa-nova, enveredamos pela senda das dissipações, aliando-nos aos <u>potentados</u> da Terra para que

---

12. MENEZES, Bezerra de [Espírito]. *Ante o novo Santuário de Ismael.* In: FRANCO, Divaldo Pereira [por diversos Espíritos]. **Sol de esperança.** 1. ed. Salvador: Editora LEAL, 1978, p. 11-15 (nota do organizador).

fulgurassem as expressões do Evangelho em nossas flâmulas de dominação. Imprevidentes e atormentados, acreditávamos no poder da força e cavalgávamos os ginetes terríveis da ambição, que atravessavam cidades e países disseminando a angústia e povoando a Terra de órfãos e viúvas.

E ainda hoje a nossa atitude mental em relação a Jesus não se há modificado totalmente. Ainda nos acreditamos senhores de consciências; ainda nos supomos dominadores; ainda desejamos imperar.

No entanto, com as clarinadas de luz e verdade da Doutrina Espírita, ante a certeza inalienável da continuidade da vida depois da disjunção celular, abrimos os olhos ao entendimento e começamos a sentir a imperiosa necessidade da nossa transformação íntima. Ainda hoje, embora nossos vínculos com a retaguarda, somos tocados pela força imperiosa de agir com acerto, para nos libertarmos, por fim, do círculo estreito das reencarnações inferiores.

E é por essa razão que, diante do trabalho que nos convida, da ação benéfica que nos chama, não nos podemos deter no rol das queixas, fazendo relatórios de insucessos nem apontando dificuldades. É a nossa hora, esta hora do trabalho profícuo com Jesus, da sementeira segura com o amor e da realização intimorata nas linhas direcionais da verdade, nas quais encontramos o caminho da nossa gloriosa destinação espiritual.

Por esses motivos, não podemos parar, não nos é lícito recuar, tendo somente a opção de avançar, com segurança e com intrepidez.

Jesus, meus amigos, Jesus, o companheiro de ontem, é a nossa segurança de hoje. O órfão, o enfermo, o aflito são as nossas oportunidades de espalhar a luz da caridade plena.

Aos espíritas

Coletânea de mensagens sobre a unificação, o Movimento Espírita e os espíritas

O obsidiado, o tombado na via das aflições, o companheiro atemorizado são ensejos valiosos para produzir com o Cristo, tendo em vista o nosso compromisso maior com o Evangelho Redentor.

No entanto, espalhar a luz clara e meridiana do Espiritismo libertador é a nossa tarefa imediata, na qual nos devemos integrar, oferecendo todas as nossas oportunidades. O Espiritismo é um sol que nos aclara inteiramente e nos aquece, tanto quanto a caridade é a seiva da vida que nos nutre e nos impulsiona de modo a atingirmos o planalto da fé restaurada.

Mas, por enquanto, empenhados como nos encontramos na tarefa inapreciável de preparar o solo do futuro, busquemos espargir a luz consoladora da verdade por todos os meios ao nosso alcance. A tribuna, a pena, o recurso da página espírita, do jornal espírita, o veículo do rádio, da televisão, da cinematografia são meios de que nos devemos utilizar para mais rapidamente levarmos o farol kardequiano a todos os corações que se encontram perdidos no tumulto das paixões humanas.

E é por esse motivo que saudamos, na obra veneranda da Casa de Ismael, o farol colocado na penedia deserta, mas capaz de projetar luz que chegue a distâncias imensuráveis para conduzir a seguro porto nautas e embarcações, Espíritos e aspirações, que, por enquanto, navegam em círculos e jornadeiam por ínvios caminhos, sem rota segura nem direção pré-traçada. É por essa razão que, diante do trabalho que se desenvolve aqui, hoje e agora, bendizemos o Senhor, que nos honra com a oportunidade de servir e de amar, plantando o marco histórico de uma nova era, para que sejam preservados os postulados do Evangelho Redentor e da Doutrina Consoladora em nossos corações, por nossas mãos, tendo em vista o futuro.

Ontem nos preocupávamos com o santuário, para nos perdermos na formalística e na liturgia. Levantávamos altares à própria vaidade de modo a atendermos à nossa cobiça e a acumularmos haveres perecíveis; disputávamos a <u>primazia</u> de <u>erigir</u> templos que se demoravam vazios e inexpressivos, quais monumentos de pedra que o tempo ia vencer, guardando o nome atormentado da nossa própria compaixão.

Hoje, porém, o nosso trabalho se reveste de luz, porque não pretendemos levantar uma casa de cimento, ferro e pedra para guardar as nossas ambições que se desvanecem no túmulo, nem acumular nossas paixões que a realidade esboroa.

Levantamos este novo Santuário de Ismael para evangelizar, para educar, para servir – sobretudo para amar –, espalhando a mensagem do Cristo Consolador, que volta ao amargurado coração da Terra no momento dos grandes voos do pensamento e da técnica além do nosso orbe.

Demo-nos, quanto possível, à conclusão dele, guardando a certeza de que, dentro de suas paredes, estamos levantando o templo do Espírito imortal que as perturbadoras <u>falanges</u> da tentação não conseguirão demolir.

Ofereçamo-nos integralmente a esse trabalho redentor.

Estamos repletando a nossa Casa com o espírito de amor e com a luz do espírito redivivo para albergar no seio generoso da fraternidade os que virão depois de nós, sedentos de luz, necessitados de paz.

Por tudo isso, meus amigos, não nos podemos consorciar com os compromissos da política militante nem com as paixões que logo passam. Devemos manter a nossa

Aos espíritas

Coletânea de mensagens sobre a unificação, o Movimento Espírita e os espíritas

Casa e o nosso trabalho através do nosso esforço e do nosso suor, das nossas lágrimas e das nossas renúncias sacrificiais, para que não tragam as tarefas, desde agora, a marca tisnada das dissipações e das miserabilidades humanas. Tenhamos a certeza de que nos não faltarão os recursos de Mais-alto, de que Jesus vela, de que Jesus está no comando e de que o barco em que nos encontramos com Ele chegará ao porto da destinação gloriosa. Sigamos, asserenados e tranquilos, com Jesus, por Jesus e para Jesus, entoando o nosso hino de fidelidade ao Evangelho e à Doutrina Espírita, nesta hora de aflições e provas, de dificuldades e de seleções em que nos encontramos todos empenhados, para que, acima de tudo, brilhe a luz do Senhor. Até o momento da nossa libertação total, nós, que assumimos o compromisso de servir e de amar, pavimentemos as sendas por onde avançamos com as pedras da humildade e envolvamo-nos na lã do Cordeiro de Deus, para chegarmos, confiantes e <u>intemeratos</u>, ao termo da jornada santificante.

Exorando ao Amorável Amigo de todos nós que nos abençoe nas tarefas <u>encetadas</u> e que nos ajude a libertar-nos dos compromissos pretéritos, <u>oscula</u> os vossos corações, meus amigos e meus filhos, o velho companheiro e servidor humílimo.

Bezerra de Menezes

FEB – Brasília, DF, 24 de abril de 1967.

7

LIDERANÇA NO IDEAL[13]

Há pessoas demolidoras e pessimistas em matéria de fé, que estão sempre acionando os camartelos da devastação.

Cultivando o mau humor, fazem-se ríspidas, e o que produzem, acionadas por um ideal, desfazem-no pela forma azeda com que se comunicam com os que participam da sua ação.

Acreditam-se sempre certas, sem darem margem aos outros de opinar em contrário.

Agridem verbalmente as correntes com as quais não simpatizam, vendo o lado pior de tudo, sem apresentarem a beleza do seu ideal incorporada ao seu comportamento.

Disseminando a ideia do bem, põem-se contra os outros, os que não concordam com as suas expressões, tanto quanto com aqueles que, embora favoráveis, não se lhes submetem ao talante.

---

13. FRANCO, Divaldo Pereira; VASCONCELLOS, Lins de [Espírito]. *Liderança no ideal.* Revista **Reformador**, Brasília, ano 99, n. 1826, p. 11, mai. 1981 (nota do organizador).

São uma propaganda negativa do que pensam defender com entusiasmo e agressividade.

O Espiritismo, sendo doutrina de libertação e responsabilidade, não passa indene a esses propagandistas da violência.

A si mesmos elegem-se líderes e condutores, impondo-se, porém, aos grupos de trabalho, sem as reais condições que dão carisma aos legítimos impulsionadores da mensagem.

Quando os indivíduos disputam primazia e relevo nos ideais que defendem, tornam a ideia suspeita e desacreditada.

A excelência de um programa ressuma das suas qualidades intrínsecas, avaliadas nos resultados que produzem.

O processo de evolução do pensamento é inevitável.

Muitas vezes, dá-se através de grandes convulsões sociais, pelo desnecessário derramamento de sangue, na violência que irrompe devastadora.

Há quem afirme que a História constrói os povos sobre o sepulcro das civilizações vencidas.

Jesus, no entanto, foi o edificador do homem novo dentro dele mesmo, conclamando-o à revolução interior, nas fronteiras da alma, sem dano de espécie alguma para outrem.

Recorreu às armas desconsideradas da mansidão e da humildade, que fazem heróis e apóstolos, propondo a serenidade em quaisquer circunstâncias.

Seguindo-Lhe as diretrizes, Allan Kardec jamais apresentou o Espiritismo entre os calhaus dos insultos ou as pedradas com que pretendesse defender a Doutrina dos adversários gratuitos que se ergueram para combatê-la.

Manteve-se tranquilo, confiando na robustez do conteúdo espírita, mas não fugiu à luta.

Atendeu as solicitações de que foi objeto, esclarecendo e dirimindo equívocos com lógica e argumentação clara.

Não atacou, frivolamente, os sistemas vigentes, nem ofendeu os detratores por sistema que lhe ferretearam o pensamento com lâminas ardentes...

É claro que se referiu aos erros do século, sem a usança do ultraje ou da calúnia, da maldição ou dos <u>arrazoados</u> rudes.

Analisou opiniões e comportamentos filosóficos e religiosos, comparando-os com as teses espíritas, o que comprovou ser ele o escolhido para a superior tarefa.

Passaram-se os cem primeiros anos, em que mudanças imprevisíveis, à época, sucederam-se.

Os homens, no entanto, intrinsecamente, prosseguem os mesmos.

Permanecem as conjunturas negativas que ultrajam a criatura e a infelicitam.

Os problemas da superpopulação em certas áreas do planeta e a escassez de braços noutras, a má distribuição das riquezas, fatores circunstanciais e emocionais que, somados, produzem sofrimentos, prosseguem desafiadores, aguardando que a revolução espírita restitua dignidade ao homem, promovendo-o na linha do bem e armando-o de paz para solucionar e superar as dificuldades e provas do seu caminho de iluminação, tendo à frente a vera liderança no Ideal.

Lins de Vasconcellos
Lisboa, Portugal, 20 de setembro de 1980.

8

DEFINIÇÃO ESPÍRITA[14]

Dilatam-se-nos as oportunidades de serviço que nos não compete adiar.

Hoje, como ontem, chegam-nos os <u>alvitres</u> do Mundo espiritual, conclamando-nos à inteireza e à integridade no labor edificante, através da nossa atuação total e permanente ao lado do Senhor Jesus, que nos rege os destinos.

Não há muito pelejávamos, <u>esgrimindo</u> as armas da razão contra o dogmatismo <u>absconso</u> que dominava em todas as latitudes, impedindo o progresso e o crescimento da verdade na Terra. Em dias <u>primevos</u>, lutávamos ardorosamente pela semeação espírita, investindo contra os códigos arbitrários das leis desonestas e parciais, tentando apresentar a Doutrina como a resposta dos Céus aos veementes apelos da Terra. Nas primeiras horas improvisamos, na praça pública, a tribuna do entusiasmo e <u>reptamos</u> com ardor

---

14. VASCONCELLOS, Lins de [Espírito]. *Definição espírita*. In: FRANCO, Divaldo Pereira [por diversos Espíritos]. **Sementes de vida eterna**. 1. ed. Salvador: Editora LEAL, 1978, p. 199-202 (nota do organizador).

os adversários gratuitos do Cristo Jesus, oferecendo ensejo para a clarificação do mundo através dos postulados que nos foram legados por Allan Kardec. Foi necessário investir contra as paredes da intolerância e abrir brechas nas cidadelas do preconceito para que o Ideal Espiritista pudesse fulgurar glorioso e nobre, iluminando todos os recantos da paisagem humana. Não poucas vezes, recebemos a bofetada da zombaria, do escárnio, e a chocarrice dos tíbios chegou até a porta da nossa honra, tentando dilapidar o patrimônio de nosso comportamento e dilacerar, até as entranhas, os painéis sublimes da nossa vida íntima, apresentando-nos, *na praça pública dos conceitos*, na condição de "miseráveis psicológicos" e de "perturbados da emoção". Noutras ocasiões tivemos os pés feridos pela urze da impiedade e as mãos foram sangradas pela lixa grosseira da intemperança, arregimentadas todas as dificuldades para nos impossibilitar o avanço, como se diminuindo a força impávida dos idealistas se pudesse calar a boca do ideal, encarregada de disseminar a verdade imortalista.

Em muitas circunstâncias, o verbo estrugia em nossos lábios, não encontrando acústica nos corações para continuar impoluto, oferecendo a visão longínqua e bela da esplendorosa madrugada da imortalidade. Mas em momento algum o desânimo nos tolheu o entusiasmo, o medo nos diminuiu a coragem ou o interesse pessoal nos arrefeceu o espírito de serviço.

Nunca as questões do Cristo ficaram no velador apagadas, ou sob a nossa comodidade de interesse imediatista para arregimentar paixões que nos levassem à jactância ou que nos conduzissem ao cenário das glórias ilusórias e das emoções de mentira.

Graças a isso, os pioneiros da hora do primeiro século do Espiritismo, que revive o Cristo vivo, conseguiram plasmar em nós, através de nós e para todos nós, no século que se iniciaria logo mais com realizações edificantes, o novo conceito espírita impoluto e granítico, capaz de enfrentar os voos da Ciência e consolar os oceanos das lágrimas dos corações em superlativa aflição.

Chegados ao primeiro século findo de Doutrina Espírita, saímos do gabinete da experimentação mediúnica para o labor da assistência social amplo e largo, fazendo com que o Consolador colocasse no seu seio as gerações famélicas, os corpos torturados, as vidas estioladas, as organizações fisiológicas enfermiças, os tombados dos caminhos, Samaritano sublime que se fez, para levar ao albergue da esperança os que caíram entre Jericó e a Jerusalém libertada da Era Nova. Agora, porém, que se nos alargam as possibilidades de divulgar o espírito do Espiritismo em linguagem condicente com a mentalidade contemporânea, não meçamos esforços para que a unidade doutrinária lobrigue seus fins e para que a obra gigantesca da educação realize o seu profundo desiderato.

Jesus foi o Mestre por excelência, e Kardec, o pedagogo por eleição!

A Doutrina Espírita é, portanto, a pedagogia nova para todos nós, desencarnados e encarnados, que saímos das sombras da animalidade para as luzes da inteligência, na direção sublime da intuição libertadora e poderosa da nossa glorificação espiritual.

Pregar pela palavra articulada, pregar pelo exemplo, pregar pela oração silenciosa, pregar pela mensagem escrita são impositivos impostergáveis, intransferíveis, que não podemos adiar, no momento em que o Espiritismo encontra campo preparado para a sua realização histórica, a sua finalidade espiritual.

Transformemos nossas casas em educandários de amor – que sempre devem ter sido –, os nossos corações em santuário de misericórdia e porfiemos intimoratos, abrindo os braços à caridade que desce dos Céus à Terra, e à fraternidade que sai do coração aos corações, num intercâmbio convidativo e consolador, capaz de nos tornar verdadeiramente irmãos.

Este instante é o de fazer luz, o da nossa definição espírita, o da nossa realização clara e firme, que deixe na história dos tempos o sulco profundo da nossa integração nas hostes da Doutrina apresentada por Allan Kardec, como sinal inapagável da nossa vitória sobre a morte, sobre o engodo, sobre a inferioridade, sobre nós mesmos, antecipando a nossa ressurreição, que já começa, para a nossa penetração na vida estuante que nos espera.

Lins de Vasconcellos

9

ENTENDIMENTO E UNIFICAÇÃO[15]

O s grandes ideais da vida, quando transladados para a experiência do quotidiano, sofrem, não raro, os condicionamentos do homem, a quem apraz modelar as informações superiores com a argila das cogitações de que dispõe. Assim tem sido, e parece, por mais algum tempo, que assim prosseguirá.

Fenômeno consentâneo parece que poderia ocorrer com a mensagem do Espiritismo não fossem as medidas de vigilância com que o Senhor estabelece o equilíbrio no campo da divulgação, mediante as quais o pábulo mantenedor continua a sustentar o homem em quaisquer circunstâncias em que se encontre, impedindo a adulteração dos postulados elevados que ora se espalham já por toda parte.

Não obstante a inteireza granítica da Doutrina Espírita, momento surge em que os pruridos do personalismo

---

15. VASCONCELLOS, Lins de [Espírito]. *Entendimento e unificação.* In: FRANCO, Divaldo Pereira [por diversos Espíritos]. **Sementeira da fraternidade**. 1. ed. Salvador: USEB, 1972, p. 91-94 (nota do organizador).

humano no movimento em que gravitam os homens levantem susceptibilidades cruéis, parecendo ameaçar de fracionamento o trabalho organizado pelo Mundo espiritual, sempre atento à preservação da unidade doutrinária, unidade vazada nas lições excelsas do Apóstolo de Lyon.

De quando em quando, investidas de vária natureza irrompem avassaladoras, como a colocar em perigo o ideal da informação cristã-espírita revitalizada pelo Consolador Prometido, que chega à hora exata a fim de colimar o destino estabelecido pelo Rei da Terra: a paz! A Revelação Espírita, porém, é cristalina e inconfundível, conclamando todos aqueles que dela se abeberam a um aprofundado estudo em torno da Vida imortal e impondo a tônica da renovação interior, de modo a consubstanciar nas atividades de toda hora o programa traçado pela linha mestra da Codificação: "Fora da caridade não há salvação".

Estes são dias em que se fazem necessários muito siso no estudo e muita meditação antes de atitudes e cometimentos, de modo que o labor duramente desenvolvido desde há mais de 100 anos não venha a sofrer solução de continuidade por capricho de uns ou insolência de outros, estribados em opiniões pessoais ou apressadas disposições de divergir e dissentir...

Merece que reexaminemos os postulados kardequianos, aprendendo mais uma vez, como "embaixadores das vozes" de que nos fazemos, a técnica da ação relevante pelo trabalho que edifica, da solidariedade que ajuda e da tolerância que firma o valor do homem na gleba abençoada da caridade. Quando os problemas surgem, urge a aplicação da atitude reflexiva; quando as necessidades se multiplicam, é indispensável parar a fim de meditar; quando os empeços se

Aos espíritas

Coletânea de mensagens sobre a unificação, o Movimento Espírita e os espíritas

avolumam, faz-se imperioso examinar o <u>óbice</u> para vencer as dificuldades, afastando-as do caminho.

Precipitação é, também, sinal de leviandade, e arrogância significa exteriorização da personalidade inferior, que pretende sobrepor-se aos objetivos reais da verdadeira fraternidade.

Não nos enganemos quanto às nossas responsabilidades. Coloquemos acima dos "pontos de vistas" a Doutrina Espírita, e além das ambições pessoais, o sagrado ideal que juramos desdobrar e defender, se necessário com o contributo da nossa renúncia e da nossa abnegação.

Mais do que nunca, estamos sendo convidados a um trabalho positivo de construção da nova Humanidade. Que as nossas atitudes não venham comprometer o programa superior, que no momento repousa em nossas débeis e agitadas mãos.

Antes de agir, procuremos meditar nos postulados da lição kardequiana; antes de dissentir, mergulhemos o pensamento na austeridade da informação kardequiana; antes de divergir, busquemos a fonte do ensino kardequiano, em cuja lição preciosa encontraremos sempre a chave para decifrar todos os enigmas de hoje, bem como as problemáticas do futuro, que ainda não podemos prever...

Jesus prossegue sendo o Mestre Incomparável, e Allan Kardec, discípulo de eleição, continua modelo de intérprete fiel e lúcido, encarregado de oferecer-nos o legado da Doutrina libertadora que possui os tesouros capazes de erradicar os sofrimentos na Terra, do que se desincumbiu com elevada nobreza.

Unificação é programa de luz que nos compete preservar a qualquer preço. Não é lícito que seja colocada em posição conflitante.

Os ensinamentos do Cristo prosseguem atuais: "A casa dividida rui"; "o feixe de varas" faz-se poderoso por impedir, através da união com que se aglutinam as peças, o esfacelamento com facilidade.

Unamo-nos em regime de entendimento fraterno e evitemos transformar-nos em "pedra de tropeço" ou "motivo de escândalo", a fim de que os esforços envidados há mais de duas décadas após o Pacto Áureo não se esboroem, qual névoa que a ardência do sol dilui.

Reflexionemos e, pacientemente, cogitemos permanecer unidos sejam quais forem as transitórias dificuldades, identificando-nos com o Cristo, cujo espírito vige em todas as páginas luminescentes da insuperável Revelação de que Allan Kardec se fez mensageiro e repositório fiel.

Lins de Vasconcellos

10

TRABALHO UNIFICADOR[16]

Dilatemos a Doutrina Espírita, esse abençoado sol, sobre a Terra inteira, através do trabalho nobre.

Trabalho no bem é elevada expressão de serviço.

Serviço no bem é manifestação luminosa de amor.

Aprendamos a servir, aumentando as nossas possibilidades de auxílio aos corações humanos, neste momento de tão grande significação para todos nós.

Espalhemos a consolação espírita, a metamorfosear-se em luz que vitalize a plantação da esperança e desenvolva a árvore da felicidade.

O trabalho realiza o milagre da fraternidade, e só a fraternidade é sólida base para a unificação.

Unificação em teoria é exposição sem vitalidade.

Unificação em prática é atividade doutrinária edificante.

Ampliemos a mensagem da Doutrina Espírita, levando-a a todos os homens, ante as presentes convulsões, certos de que há muita coisa a realizar.

---

16. SPINELLI, Francisco [Espírito]. *Trabalho unificador*. In: FRANCO, Divaldo Pereira [por diversos Espíritos]. **Sementeira da fraternidade**. 1. ed. Salvador: USEB, 1972, p. 16-19 (nota do organizador).

Não aguardemos que os instrutores desencarnados retornem ao campo físico para realizar a tarefa que compete aos homens executar.

Enquanto caminhamos na carne, solicitamos socorros a que não fazemos jus, demorando-nos inquietos ante o silêncio dos benfeitores, que parecem distantes dos problemas que lhes apresentamos.

Libertos, porém singrando os rios da Espiritualidade, verificamos que de inopino somos alçados à condição de guias, pela comodidade de alguns companheiros que ficaram no orbe, solicitando, intempestivamente, diretrizes e roteiros, muito embora, há dois mil anos, tenham o Evangelho do Cristo ao alcance das mãos e próximo do coração. Verificamos, então, que o silêncio de ontem, que não compreendêramos, é o mesmo que hoje somos constrangidos a manter em relação aos amigos que nos solicitam o que já têm em demasia, sem pretender fazer uso.

Aproveitemos, então, o milagre da hora, a concessão da oportunidade e a bênção do momento para distendermos a claridade da Doutrina Espírita nas almas atormentadas entre as sombras do torvelinho físico.

Voltemos as mentes e as mãos para a preservação da infância, auxiliando o futuro, mas levemos também os ensinos de Allan Kardec à velhice, favorecendo o renascimento no Além-túmulo.

Há múltiplas tarefas para todos os trabalhadores e serviços para todas as mãos.

O homem do campo não nos conhece a mensagem, porque, não podendo vir até nós, não nos dispusemos a visitá-lo.

Aos espíritas

Coletânea de mensagens sobre a unificação, o Movimento Espírita e os espíritas

O trabalhador humilde nos desconhece os enunciados porque, vivendo em cansativo labor, não dispõe de tempo físico nem mental para <u>elucubrações</u> em torno dos problemas do espírito, e, em nossa negligência, ainda não nos lembramos de levar-lhe o pão espiritual para atender-lhe a alma imensamente necessitada.

Pregamos a unificação, expomos diretrizes, mas não buscamos aprofundar-nos nas realizações unificadoras.

Aumentemos os nossos recursos e realizemos as tarefas que nos aguardam.

A Doutrina Espírita, na atualidade, não se reveste apenas de lapidares conceitos, antes se constitui parte essencial para o nosso *modus vivendi* na Terra.

Não é apenas uma mensagem nobre, mas um programa de ação.

Não é somente uma bela filosofia, porém um roteiro para a evolução.

Estudemos, portanto, a Doutrina para vivê-la; conheçamos a Doutrina para ensiná-la, realizando o serviço que nos cabe.

Se existem dificuldades, situemos a mente em Jesus, que não encontrou na Terra qualquer facilidade.

Se as trilhas se cobrem de urze e surgem obstáculos, lembremos que a ascensão ao Gólgota foi assinalada pelas quedas do Guia Divino ao peso da Cruz...

Se encontramos desertores, no justo momento da realização, recordemos o ósculo de Judas, o companheiro do Senhor durante quase três anos de convivência diária...

Se identificamos a solidão conosco, voltemos ainda ao drama da Paixão e lembremos que, na Cruz, o Mestre apelou para o Pai por não encontrar ouvidos humanos que Lhe recolhessem as aflições...

Façamos o mesmo. Não nos detenhamos! Temos um objetivo à frente.

Não olhemos para baixo – a luz vem de Cima.

Não nos demoremos no "já feito" – necessitamos muito de fazer.

Realizemos o bem sem perspectivas de receber compreensão, produzindo sem pretensões de entendimento, vencendo todos os óbices que, na maioria, estão em nós mesmos, conduzamos a unificação através do trabalho de esclarecimento e assistência doutrinária e teremos um Espiritismo consolidado nas mentes e nos corações, consoante os nossos melhores desejos.

No martírio do Justo, a Humanidade encontrou o clímax da Boa-nova.

Será, também, nos nossos sacrifícios que os homens descobrirão a excelência das ideias que esposamos.

Porfiando na sementeira do bem infinito, encontraremos o Celeste Amigo de braços abertos em atitude de quem espera, após as refregas, logo seja transposta a porta estreita, quando teremos a tranquilidade do dever cumprido na unificação doutrinária e na renovação íntima em que nos encontramos empenhados.

Francisco Spinelli

11

UNIFICAÇÃO[17]

Um dos maiores obstáculos capazes de retardar a propagação da Doutrina seria a falta de unidade.

ALLAN KARDEC – *OBRAS PÓSTUMAS.*

Decorridos apenas dez anos após as *démarches* que culminaram no magno entendimento muito justamente denominado Pacto Áureo, materializou-se, na abençoada Federação Espírita Brasileira, com toda justiça a Casa Mãe do Espiritismo no Brasil, o grande ideal de unificação entre homens e entidades espiritistas brasileiras.

O trabalho que culminou a 5 de outubro de 1949 vinha sendo concertado desde há algum tempo, constituindo-se objetivo de fé robusta para, através da perseverança nos princípios básicos da Doutrina, arregimentar-se e, vencendo todas as dificuldades, lutar pela concretização de tão importante serviço.

Entretanto, o labor que Ismael realizava junto aos pupilos no orbe não poderia ficar isento de aberração do mal. Não faltaram, como não faltam, aguerridos detratores,

---

17. SPINELLI, Francisco [Espírito]. *Unificação.* In: FRANCO, Divaldo Pereira [por diversos Espíritos]. **Crestomatia da imortalidade**. 1. ed. Salvador: Editora LEAL, 1969, p. 183-186 (nota do organizador).

contumazes e intolerantes defensores de "pontos de vista", acérrimos lutadores enclausurados nos velhos bastiões do Eu enfermiço, para apontarem suas armas contra a força idealística de corações devotados ao bem que envidavam todos os esforços no sentido de manter a unidade doutrinária no abençoado organismo espiritista.

Todos os cuidados foram tomados à época da arregimentação das diretrizes essenciais para a materialização do Movimento. Procurou-se ouvir a opinião dos servidores que portavam belas folhas de serviço à Causa; cuidou-se de atender às solicitações, sem, no entanto, tergiversar na linha básica do dever que não se pode acomodar às exigências de pessoas ou grupos; buscou-se solucionar problemas utilizando-se da recomendação evangélica "tolerância", preconizada por Jesus e Kardec. Mas, assim mesmo, as dificuldades cresceram como para testar a têmpera em que foi forjado o trabalho de unificação, e a verdade é que nestes dez anos a árvore, tíbia a princípio, robusteceu-se vigorosa e vem atingindo êxito inesperado nos seus objetivos.

É verdade que o Espiritismo não tem chefe, mas, possuindo um corpo de Doutrina que necessita ser zelado, tem necessidade de uma entidade federativa de âmbito nacional para colocá-la a salvo das investidas da futilidade, da imprevidência e dos abusos de toda ordem. Para esse fim, criaram-se as uniões sócias, comissões estaduais e ampliaram-se os programas das federações sob a assistência do conselho federativo, constituído por homens escolhidos pelas entidades estaduais que se congregam mensalmente na Casa de Ismael para dirimir dificuldades, corrigir equívocos, nortear serviços, sem fugir à veneranda Codificação Kardequiana.

A unificação é trabalho de entendimento que ninguém pode desdenhar na seara espírita.

A unificação é fruto da agregação de forças dispersadas pelo personalismo e pelo egoísmo, milenares adversários do homem, objetivando a causa comum a todos, que é o triunfo do Espiritismo evangélico, racional e libertador nos corações humanos.

Na época das instituições sociais de previdência, das caixas de socorro, do cooperativismo que nas sociedades materialistas atestam o altruísmo do homem civilizado, fazia-se inadiável, na comunidade cristã do Espiritismo, a unificação das entidades espíritas para a corporificação entre os homens do postulado do trabalho, da solidariedade e da tolerância.

Unificar significa reunir num só todo, fazendo convergir para um só fim.

Unificação espírita é a reunião de valores para a melhor difusão e propagação do pensamento dos Espíritos, pensamentos coletados e comentados pelo professor de Lyon, definindo os rumos seguros e elevados de cada um, no campo de serviço onde foi situado.

Nem discussão infrutífera...

Nem arrazoados novos...

Nem epístolas de exaltação...

Nem semeaduras apressadas...

Unificação é trabalho ordeiro, filho da ação de todos na preservação do Cristianismo Redivivo.

Unificação espírita é a concretização do enunciado de Jesus quando afirma que seremos um só rebanho sob o cajado de um só pastor. O Espiritismo nos une em torno do Senhor, que, por Sua vez, dirige-nos os passos para os Altos Rumos.

Entender-nos sem cansaço; ajudar-nos sem exigências nem ambições; proteger-nos sem reclamações; servir a todos, homens e entidades, é o programa traçado por Jesus, continuado pelo Espiritismo, e que, culminado no Pacto Áureo, deu nascimento à obra já vitoriosa da unificação espiritista no solo do Brasil.

Francisco Spinelli

(Mensagem psicografada pelo médium Divaldo Pereira Franco em 15 de fevereiro de 1960.)

12

Aos espíritas gaúchos[18]

Meus amigos:
Exoramos a proteção divina para nossas vidas.
A área de serviço cresce, <u>concitando</u> os trabalhadores ao desdobramento da ação. Todavia, as dificuldades naturais do momento multiplicam-se, apelando para a vigilância. Vigilância que se converta em prudência e atenção, a fim de que as surpresas desagradáveis não gerem a <u>cizânia</u> nem a dissensão.

Estamos convidados à realização superior com união de propósitos e respeito mútuo, sem o que falecem os ideais legítimos da fraternidade em prejuízo do trabalho.

Todo esforço que envidemos em favor do crescimento pessoal deve assentar-se nas bases da tolerância e do devotamento à Verdade.

Não é necessário que a tolerância se converta em <u>anuência</u> com o erro, nem que a filiação à verdade se

---

18. SPINELLI, Francisco [Espírito]. *Aos espíritas gaúchos.* In: FRANCO, Divaldo Pereira [por diversos Espíritos]. **Antologia espiritual.** 1. ed. Salvador: Editora LEAL, 1993, p. 75-77 (nota do organizador).

caracterize pela ação <u>intempestiva</u> e devastadora contra o que se pensa não ser correto.

Cresce a sequoia, milímetro a milímetro, e se constitui o universo de partículas de <u>ínfima</u> estrutura no campo da energia.

A pressa é questão desconhecida nas páginas da Natureza, e, nas programáticas das vidas, o tempo desempenha papel de relevante importância.

A precipitação produz desequilíbrio, e o marasmo retarda a marcha do progresso.

Em tudo estão presentes a ordem, a harmonia e o bem como objetivo final.

Assim, o Movimento Espírita, particularmente no Rio Grande do Sul, amplia o seu campo de penetração com todas as vantagens do momento e os prejuízos da hora presente.

Quanto mais largo o trato de terra a cuidar, maiores devem ser o afã e os desvelos do agricultor.

Da mesma forma, em nossa esfera de produção, impõem-se os valores da perseverança bem como do devotamento com altas doses de compreensão, a fim de que a colheita de resultados não se faça mesclar com espinhos e pedras pontiagudas.

Sem dúvida, torna-se imperioso apresentar o Espiritismo e vivê-lo, conforme no-lo ensina a Codificação e o delinearam os Espíritos superiores e o mestre de Lyon.

<u>Escoimar</u> o Movimento Espírita das heranças e atavismos sociológicos e antropológicos é um dever que nos cabe a todos, encarnados e desencarnados, que encontramos na *fé raciocinada* o roteiro de segurança para a felicidade.

Façamo-lo, porém, com os cuidados com que se <u>extir-pam</u> as ervas parasitas presas ao cerne das árvores produto-

Aos espíritas

Coletânea de mensagens sobre a unificação, o Movimento Espírita e os espíritas

ras, sem o risco de, ao erradicar aquelas, virmos a danificar as últimas.

Estudemos corretamente e divulguemos com sabedoria a Doutrina, atraindo as criaturas desorientadas e famintas, de forma a iluminá-las interiormente com a fé libertadora e consolá-las com as explicações a respeito da causalidade dos sofrimentos humanos.

Há muita dor e desconforto aguardando nosso socorro, às vezes desviado para discussões estéreis e secundárias.

Os postulados básicos da nossa mensagem são <u>inamovíveis</u> e devem ser apresentados ao mundo carente e sofredor, de forma que possam contribuir para o avanço social e espiritual sem o demasiado contributo do desespero.

O Espiritismo, na condição de Consolador, é também preventivo para o mal, terapia de otimismo e de felicidade.

Os amigos não prosseguem a sós. Os companheiros que os precederam na bendita Causa e em nossa Casa, estamos laborando com todos, fiéis ao dever da solidariedade que nos une como irmãos que nos devemos amar, mesmo quando pensamos de maneira diversa.

<u>Augurando-lhes</u> êxito na ação do bem e do progresso incessante, sou o servidor dedicado e amigo de sempre.

Francisco Spinelli

13

Renovar unificando[19]

Unificação em prol do ideal espiritista, combatendo a tirania do Eu com o <u>escopro</u> do bem geral – eis o nosso lema.

Não importam as dificuldades que surjam, tentando obstaculizar o avanço.

Tarefa de tal envergadura não pode receber compreensão alheia imediatamente. Primeiro é necessário equilibrar os programas de trabalho aos impositivos da fraternidade real.

Unificar é harmonizar.

Não estamos diante de um trabalho automático, e sim de uma sementeira apostólica a reclamar perseverança, carinho e abnegação.

Para tal <u>mister</u>, necessitamos esclarecer os companheiros sem a censura que deprime nem a exposição <u>palavrosa</u> que humilha.

Esse trabalho pode ser compreendido como uma unificação de planejamento em favor da realização edificante.

---

19. NETTO, J. L. [Espírito]. *Renovar unificando*. In: FRANCO, Divaldo Pereira [por diversos Espíritos]. **Sementeira da fraternidade**. 1. ed. Salvador: USEB, 1972, p. 169-171 (nota do organizador).

Unificação de esforços no auxílio a todos.

Unificação de pensamento objetivando o êxito dos empreendimentos.

Unificação de corações nas trilhas da fraternidade.

Unificação que nos identifique em nossa união com Jesus Cristo, o Mestre e Senhor.

Unificação expressa coordenação geral em benefício de todos, em nome de todos aqueles que rumam na direção da Vida maior.

Não é reunião de patrimônio vendível.

Nem agregação de móveis e <u>semoventes</u>.

Não é fusão dos tesouros que enaltecem a vaidade.

Nem mistura daquilo que o tempo consome e gasta...

Unificação que transforme a fraternidade fria e inexpressiva em chama de vitalidade inextinguível.

Jesus, desejando propagar a mensagem sublime e luminífera da Boa-nova, chamou doze corações para as bases da sementeira, setenta para a anunciação dos postulados de amor e quinhentos para alargarem as fronteiras do Reino dos Céus entre os homens da Terra. E até hoje, como abençoado Pastor Infatigável, continua unindo as ovelhas em torno do Seu apostolado.

Reunir, portanto, em igualdade de condições é unificar.

E agora, às vésperas da nossa integração definitiva nos postulados espíritas, é indispensável reunir para ajudar, unificando para preservar, a fim de que o amanhã nos encontre como campo feliz onde as sementes do amor, multiplicadas em luz, transformem-se no sol fecundo, mensageiro do Eterno Sol, clareando os roteiros do mundo.

José Lopes Netto

14

DESERTORES E ACUSADORES DO ESPIRITISMO[20]

Conquanto os eloquentes testemunhos da excelência dos seus postulados, padece ainda hoje o Espiritismo <u>epítetos</u> e acusações que decorrem, desde há muito, da ignorância tradicional dos que se lhe tornaram inimigos gratuitos. De um lado, a má-fé ancestral dos condutores intelectuais dos povos, de outro, a ignorância mesma, na sua manifestação multiface, arregimentaram esses inimigos tradicionais em forma de <u>malquerença</u> para caluniar os objetivos elevados da crença nova, numa tentativa, de certo modo absurda, de impedir-lhe a austera e <u>salutar</u> propagação. Como consequência, a aureola de sobrenatural, de fantasiosa, mirabolante e miraculosa esteve continuamente a envolver a tradição kardecista, o que se de alguma forma constitui empeço a uma divulgação luminosa, de outra fê-la atração indubitável para as mentes ansiosas e aventureiras

---

20. CARVALHO, Vianna de [Espírito]. *Desertores e acusadores do Espiritismo*. In: FRANCO, Divaldo Pereira [por diversos Espíritos]. **Sementeira da fraternidade**. 1. ed. Salvador: USEB, 1972, p. 118-122 (nota do organizador).

– quais párias desiludidos da vida buscando novos roteiros, após se verem traídos nos ideais da ingenuidade por aquelas doutrinas caracterizadas pelo constante anatematizar, ridicularizar e perseguir as demais, que esperavam encontrar no Espiritismo vasto campo para a colheita de resultados imediatos na vida de relação. Tais interessados desejavam, desse modo, encontrar no contato com os Espíritos imortais novo *eldorado* para a felicidade na Terra. As adesões em massa fizeram-se, então, acobertadas pela crença de uns tolos como pela argúcia de alguns astuciosos, e, não obstante as proibições taxativas sobre o comércio com os chamados mortos, adensaram nas fileiras novas da investigação para o prazer, fazendo que a incursão no campo do Mundo espiritual se fizesse caracterizar pelo fanatismo, pela negociata, pela esperança de conseguir tesouros ou pelas informações arbitrárias com que a leviandade desta ou daquela cor desejava o triunfo barato no campo das especulações.

Descobrindo de imediato, porém, que o campo espírita não podia ser eivado pelo escalracho da leviandade, nem pela erva daninha da ociosidade, aqueles aventureiros, que esperavam números de loteria, casamento feliz, uma vida sem problemas, uma *buena-dicha* para o conforto físico, mapas de tesouros enterrados, heranças perdidas, saúde inalterável, gozos continuados, puseram-se em debandada, atacando os recursos do mediunismo atormentado, corroído pelas paixões humanas, pelas mais torpes calúnias, acusando a mediunidade de ser uma estrada impérvia por onde seus pés houveram transitado sem encontrar via de acesso a saídas honrosas.

Não colimando os resultados, procurou-se dizer, *a posteriori*, que o Espiritismo era um campo de espertalhões e, logo, de desertores, o que levou Allan Kardec, conforme anotado em *Obras póstumas*, a inquirir se tais aventureiros, que se encontram em todos os campos do conhecimento, poderiam, por seu turno, revestidos desses desejos, ser cognominados de espíritas!?

Espírita é o homem que trava contato com a verdade e que, depois de banhado pela luminescência da fé, torna-se igualmente iluminado.

Lucigênito, o homem tem em si mesmo o gérmen da verdade interior em alta dose, que lhe compete desdobrar, assim como, em paralelo, a terra fértil da glande arranca o carvalho poderoso; desde que, porém, se lhe dificulte o ministério do desdobramento de forças como à semente se lhe negue a terra gentil, é natural que se lhe entorpeça a fonte geradora do conhecimento, matando-se-lhe a possibilidade de discernir e de compreender, como na semente ocorrência idêntica destruiria a seiva.

A função precípua do Espiritismo é arrancar do homem o egoísmo, esse cancro de tão maléficas consequências, no qual se manifesta em alta dose a ignorância, um dos seus filhos prediletos, cuja raiz se emaranha no âmago do ser e o asfixia, semelhantemente ao parasita que, na árvore em decadência, encarrega-se de roubar-lhe as últimas expressões de vitalidade, destruindo-lhe a esperança da sobrevivência. E como o egoísmo é pertinente à natureza animal do homem e o Espiritismo é de natureza espiritual mesma, impõe-se a batalha acérrima do ser que se desvela em direção da vida com o ser que se enovela nas paixões, em cujo labor devem ser colocadas todas as armas do enobrecimento a fim de colimar a vitória final.

Não há, por essa razão, na seara do Espiritismo lugar para aventureiros nem charlatães, para os que ambicionam ganhar a Terra a golpes da sorte, da astúcia, pretendem triunfar mediante mercantilismo dos negócios, através da competição desonesta com os trabalhadores laboriosos, ou ter diminuídos os seus problemas sem a contribuição do esforço, do suor e das lágrimas.

Postulando sua diretriz na reencarnação, ensina ao homem que a vida não é uma consequência caprichosa do acaso, mas o resultado matemático de leis de causalidade que impõem ao Espírito <u>atrabiliário</u> retificar numa vida os equívocos da outra, numa reencarnação laborar para preencher as lacunas pretéritas, plantando simultaneamente alicerces do edifício do futuro.

Não há como <u>obumbrar</u> tão lúcidos ensinamentos, o que leva o homem a uma consciência de responsabilidade e de dever por meio da qual ele supera o temor da morte, a investida do remorso e está armado contra <u>vicissitudes</u>, porque, entendendo da sabedoria e da Misericórdia Divina, sabe que é o autor da sua <u>dita</u> como dos seus insucessos, estando, pois, e consequentemente, ao seu alcance elaborar o futuro ditoso ou o porvir desajustado e infeliz.

Inegável que haja desertores nas fileiras do Espiritismo, mesmo porque no Cristianismo, aos dias de Jesus, não foram poucos os beneficiários do seu carinho que logo debandaram, conduzidos pela frivolidade e pela insensatez, trocando a dádiva perene do Reino de Deus pelos fogos-fátuos da ilusão terrena. Não foram poucos os que, conduzidos ao Reino de Luz e de Esperança pelo Carpinteiro Galileu, preferiram a sombra espessa da ignorância em que ainda hoje se debatem, não faltando mesmo aquele que O traiu, outro que O negou, os que O abandonaram, apesar do esforço posterior que alguns empreenderam para reconquistar a comunhão nas Suas hostes de renovação, o que conseguiram mais tarde.

No Espiritismo, também o problema da consciência tranquila não se equaciona senão através do árduo esforço, das <u>ingentes pelejas</u>, das intérminas batalhas, porque o homem é aquilo que elabora intrinsecamente o seu Espírito imortal, e não a sua forma transitória.

Haverá sempre desertores e <u>malversadores</u> da Doutrina. Estarão diante de nós uns e outros, mas aqueles que se conscientizarem dos postulados redentores do Espiritismo cristianizante encontrarão a plenitude da alegria interior e estarão indenes aos cometimentos <u>comezinhos</u> e ridicularizantes que entorpecem a lucidez e que aniquilam os ideais da verdadeira vida.

Vianna de Carvalho

15

FIDELIDADE DOUTRINÁRIA[21]

À medida que o pensamento espírita encontra ressonância nos veículos da grande mídia, ampliam-se as perspectivas de divulgação da Doutrina num momento de grande conturbação da sociedade nos seus mais diversos aspectos.

O homem moderno, enriquecido pelo conhecimento e detentor de inúmeros títulos de enobrecimento, encontra-se sob os camartelos das dificuldades morais que o assaltam por todos os lados.

Vencidos alguns desafios, outros se lhe apresentam vigorosos, exigindo um grande contributo de serenidade e de esforço para alcançar os objetivos que persegue, tais a iluminação e a harmonia íntimas.

As vitórias conseguidas em uma área, embora contribuam para novos investimentos e avanços tecnológicos, não estão conseguindo plenificá-lo, de forma a fazê-lo tranquilo e confiante no futuro.

---

21. CARVALHO, Vianna de [Espírito]. *Fidelidade doutrinária*. In: FRANCO, Divaldo Pereira [por diversos Espíritos]. **Luzes do alvorecer**. 1. ed. Salvador: Editora LEAL, 2001, p. 43-47 (nota do organizador).

Os fantasmas do porvir ameaçam-no, e distúrbios de comportamento apresentam-se com muita insistência, parecendo vencer as elevadas aquisições da cultura, da Ciência e da tecnologia.

O Espiritismo é a grande resposta para as questões perturbadoras do momento. A sua correta divulgação é exigência destes dias turbulentos, em razão dos recursos inexauríveis que possui e coloca à disposição dos seus adeptos.

Não obstante, apresentam-se alguns obstáculos que resultam da própria imperfeição da criatura humana.

De um lado, encontram-se os adeptos *conservadores*, que não admitem sejam possíveis contribuições provindas das modernas experiências científicas que o confirmam, enquanto outros, os que se dizem *evolucionistas*, propugnam por uma adaptação aos tempos atuais, adulterando-lhe os conceitos valiosos sob o falso pretexto de que alguns deles estão superados.

Desejamos referir-nos, porém, à fidelidade doutrinária.

É muito difícil preservar-se a criatura em equilíbrio, quando diferentes fatores conspiram contra a sua fidelidade e exercem acentuadas pressões que lhe perturbam o discernimento. E esses quase sempre terminam por impor-se, em decorrência da fragilidade moral daquelas pessoas que lhes padecem o impositivo.

O Espiritismo deve ser divulgado conforme foi apresentado por Allan Kardec, sem adaptações nem acomodações de conveniência em vãs tentativas de conseguir-se adeptos. É a Doutrina que se fundamenta na razão, que decorre da observação do fato em laboratório e, por isso mesmo, não se compadece com as extravagâncias em predomínio nos diferentes segmentos religiosos da Humanidade nos seus mais diversos períodos. Possui a sua própria estrutura, que resiste

Aos espíritas

Coletânea de mensagens sobre a unificação, o Movimento Espírita e os espíritas

a quaisquer investidas e lutas, permanecendo inabalável, sem que tenha necessidade de reformular conceitos para acompanhar modismos e modernismos, a pretexto de adaptá-la aos caprichos então vigentes.

Por meio sub-reptício, porém, não faltam tentativas de enxertos de ideias e convenções, práticas inconvenientes e comportamentos que não encontram guarida na sua rígida contextura doutrinal que, aceitos, poderiam criar desvios, através dos quais atrairiam os incautos e desconhecedores das suas propostas corretas, destituídas de compromissos com outras doutrinas, que iriam criar, sem dúvida, perturbações perfeitamente evitáveis.

A pretexto de cultura espírita, pretende-se deixar à margem os estudos dos seus postulados, para que sejam adotados programas com os quais o Espiritismo não tem compromisso nenhum.

Certamente, o desenvolvimento cultural do Espírito faz parte da proposta doutrinária, no entanto, há preferência pelo estudo e reflexão nos ensinamentos que se encontram exarados na Codificação.

As atuais conquistas das Ciências psíquicas confirmam-lhe os ensinamentos, ao invés de contradizê-los. Nenhum dos postulados sofreu combate por parte das doutrinas contemporâneas, permanecendo oportunos e robustos, embora as grandes alterações experimentadas pelo conhecimento desde os dias da Codificação.

A pretexto de universalismo e liberalismo doutrinário, não se pode confundir o Espiritualismo ancestral, que nos merece consideração e respeito, com o Espiritismo, que possui suas próprias características, conforme delineadas por Allan Kardec, a fim de manter os seus aspectos filosóficos, científicos e religiosos inalteráveis.

Qualquer enxerto, por mais delicado se apresente para ser aceito, fere-lhe a integridade, porque ele é um bloco monolítico, que não dispõe de espaço para adaptações, nem acréscimos que difiram da sua estrutura básica.

Na mitologia grega encontramos a figura de Teseu adentrando-se no labirinto a fim de matar o Minotauro e conseguindo êxito no retorno tido como impossível, em razão do fio de Ariadne, que distendeu pelo caminho percorrido. Podemos considerar o Espiritismo como o fio de Ariadne assinalando a estrada que o candidato deve percorrer, para que se trave a luta entre ele e o vigoroso *touro* das paixões que se agitam no seu íntimo, desse modo, podendo sair equilibrado do labirinto social, no qual desenvolve os valores que lhe dormem inatos.

Indispensável, portanto, a vigilância de todos os espíritas sinceros, para que o escalracho seitista e sutil da invasão de teses estranhas não predomine no seu campo de ação, terminando por asfixiar a planta boa que é e cuja mensagem dispensa as propostas reformadoras, caracterizadas pela precipitação e pelo desconhecimento dos seus ensinamentos.

Quando novos descobrimentos forem apresentados e merecerem consideração, o Espiritismo os absorverá; quando forem comprovados equívocos no seu tecido doutrinário, serão deixados de lados estes, sem qualquer prejuízo para o seu conjunto de postulados harmônicos.

O Espiritismo resiste aos seus oponentes, que o caluniam insensatamente, e aos seus adeptos invigilantes, que se deixam fascinar pela vaidade, buscando promoção do *ego*, projeção da personalidade doentia, através da sua extraordinária contribuição.

Aos espíritas

Coletânea de mensagens sobre a unificação, o Movimento Espírita e os espíritas

Simples como um raio de luz e poderoso como chama crepitante, o Espiritismo é a resposta sábia dos Céus às interrogações da criatura aflita na Terra, conduzindo-a ao encontro de Deus.

Preservá-lo da presunção dos reformadores e das propostas ligeiras dos que o ignoram e apenas fazem parte dos grupos onde é apresentado constitui dever de todos nós, encarnados e desencarnados, que fomos convidados ao esforço de edificar a Nova Era do Espírito imortal, seguindo as pegadas de Allan Kardec, o discípulo fiel e incorruptível de Jesus.

Vianna de Carvalho
Salvador, 7 de agosto de 1996.

16

A MISSÃO DO CONSOLADOR[22]

A Revolução Industrial, que tomou conta da Europa, substituindo os antigos valores econômicos e promovendo mudanças sociais; o crescente desdobramento das conquistas tecnológicas sob o apoio e a guarda das Ciências; a ampliação dos conceitos filosóficos, que passaram a encontrar respaldo nos fatos cientificamente demonstrados; as sucessivas guerras de lamentáveis consequências; as contínuas depressões econômicas e inquietações humanas, agitando povos e nações, responsabilizam-se pela inevitável morte da velha ética em que se sustentavam as antigas bases morais e espirituais, que cederam lugar a comportamentos diferentes, com estereótipos surpreendentes, ora anarquistas, ora alienados, não mais convencionais ou submissos.

---

22. FRANCO, Divaldo Pereira; COSTA, Ivon [Espírito]. *A missão do Consolador*. Revista **Reformador**, Brasília, ano 99, n. 1825, p. 10-12, abr. 1981 (nota do organizador).

A onda de rebelião cresceu, e os atentados terroristas tomaram a posição da ordem, em nome da insatisfação, do desprezo pela vida, sob os estímulos da violência que estruge devastadora em toda parte.

O velho mundo oferece espaço a um novo mundo de inquietação e medo, em que as criaturas se agridem mutuamente, sem justificativa de qualquer espécie, sem ao menos um motivo aparente.

A corrida provocada pela Revolução Industrial, que se iniciou ao final da segunda metade do século XVIII, produziu profundas modificações nas atividades humanas, que se fizeram raízes de outras tantas alterações expressivas, sem dúvida, com algumas infelizes posições que foram assumidas, entre as quais a perda da sensibilidade fraternal e afetiva, a corrupção mais acentuada, a dúvida sistemática, o utilitarismo imediatista.

Tornou-se inevitável o jogo das paixões defluentes dos interesses pessoais, com os riscos da indiferença pelos problemas do próximo, pelo amor fora do círculo familiar e de si mesmo.

As contínuas alterações da emotividade humana viriam a refletir-se na arte, em que melhor se expressam os sentimentos e ideias de todos os seres pensantes, fazendo que o belo se descaracterizasse; a pintura perdeu formas e contornos, e trouxe de volta os traços vagos ou indefinidos do primitivismo cultural, traduzindo os estados interiores do homem esvaziado de equilíbrio e harmonia; a música alucinada fez-se substituta do classicismo e o ritmo tornou-se selvagem, de modo que as aberrações dos sentidos excitados se <u>sublevassem</u>, dominando a razão, que se anestesia sob a hipnose atordoante do barulho sem melodia; a literatura submete-se ao baixo teor das manifestações primeiras da sexualidade e do crime, acoimadas ou exacerbadas pela vulgaridade e distonia mental das personalidades psicopatas...

A Filosofia tombou ante a Ciência, que passa à servidão nas mãos de homens prevaricadores dos compromissos assumidos perante a Humanidade, quando sob encargos transitórios à frente dos povos e das nações que desejaram exaltar pela supremacia bélica, mediante o arrocho financeiro ou através do controle comercial, engendrando as misérias econômicas que ceifam centenas de milhões de vidas...

Os veículos de informação passaram pela mesma conjuntura, participando da alucinação, dando campo à divulgação da síndrome da época em detrimento da acolhida aos informes e comentários do bem geral, da paz, da cultura e da ética, repetidamente considerados ultrapassados.

O pessimismo sobrepõe-se às manifestações idealistas nas causas que dizem respeito à construção do homem moral, e o otimismo quase que somente comanda quando na exaltação das lutas geradas pela agressividade.

É certo que respingam exceções.

A morte dos ideais comuns, que ergueram povos às cumeadas da beleza e da compreensão, é hoje constatada facilmente, e o desfalecimento da esperança está presente nas atitudes e programações que objetivam o bem geral.

Diz-se que sempre houve guerras e o homem se apresentou em todas as épocas como o "lobo do seu irmão".

Não há por que se negar que a marcha tem sido do instinto para a razão, da brutalidade para a inteligência, da agressão para o diálogo, da conquista violenta para a participação. O oposto, no entanto, não se justifica.

Natural e lamentável que o Espiritualismo, durante tantos anos asfixiado no dogma, encontrando a liberdade de expressão, não despertasse interesse, vendo-se, na atualidade, reapresentar-se através de roupagem exótica, em novos misticismos que, de certo modo, agradam ao *Homo tecnologicus*.

Surpreende os estudiosos que a farta sementeira de luz pelos abnegados trabalhadores do Espiritismo, nos últimos cem anos, desse tão escassa messe no solo europeu, particularmente na generosa terra francesa.

Ocorre, porém, que indivíduos, povos e nações evoluem por etapas, e seus valores humanos, genialidade, na construção do bem e da verdade, nascem e renascem em grupos, abrindo o campo para o progresso e os horizontes para a civilização. Encerrando-se o ciclo, transferem-se esses Espíritos para outros núcleos humanos, a fim de fomentarem o desenvolvimento e apressarem a evolução dos que marcham à retaguarda, enquanto aguardam pelos resultados da realização.

Em cada época, fora os seus dramas e tragédias, povos se levantam como condutores dos ideais e pioneiros de avançados programas com os quais a Humanidade se ergue e marcha para portos mais felizes.

À frente estão os antigos batalhadores da fé, mensageiros sempre de Jesus, corporificados com novas aparências, arrimados, porém, ao pensamento renovador da verdade. Eles prosseguem haurindo perfeita identificação com o Mestre que, por Seu turno, os conduz, mesmo quando, aparentemente, tudo se apresenta decadente, à borda do caos...

Aos antigos trabalhadores do Evangelho e estudiosos do Espiritismo europeu ora reencarnados no Brasil, cabe a grande e <u>indeclinável</u> tarefa de devolver ao Velho Continente a mensagem da Vida eterna, pura e incorruptível, como a receberam do Senhor e dos Seus discípulos, de Kardec e de seus colaboradores, não esquecendo de crescer em exemplo e ciência, em comportamento e filosofia, em vivência e fé, a fim de que o Espiritismo, que deverá influenciar a conduta da Terra e renovar o homem, cumpra, sem larga e demasiada tardança, a sua missão de Consolador e libertador de consciências.

Ivon Costa

Paris, França, 1º de setembro de 1980.

17

TEMPLO ESPÍRITA[23]

Lentamente, vai-se generalizando nos centros espíritas uma prática que é, positivamente, afrontosa ao lema que ostentamos em memória do codificador do Espiritismo: "Fora da caridade não há salvação".

Tal prática, conquanto fosse, inicialmente, revestida das melhores intenções, objetivando fins elevados, vai-se tornando, pela repetição, um abuso que necessita ser coibido.

Desejamos referir-nos aos chamados movimentos financeiros, tais como: apelos de dinheiro, venda de rifas, brincadeiras cômicas para aquisição de moedas, concomitantes ao serviço de difusão doutrinária em nossas casas de pregação e assistência.

Nesse sentido, recordemos a linguagem vibrante de Jesus aos vendilhões do Templo, em Jerusalém, que transformavam o recinto de orações em balcões de comércio.

---

23. FARIAS, Djalma Montenegro de [Espírito]. *Templo Espírita*. In: FRANCO, Divaldo Pereira [por diversos Espíritos]. **Crestomatia da imortalidade**. 1 ed. Salvador: LEAL, 1969, p. 95-100 (nota do organizador).

Naturalmente, é justificável que pessoas idôneas, desejosas de angariar fundos para a construção de recintos destinados à caridade no Espiritismo, sintam-se constrangidas ao utilizar o velho recurso das tômbolas íntimas, dos "movimentos internos" em que as moedas de contado veiculam para ser transformadas em pães, agasalhos e teto para sofredores e desabrigados.

Não podemos desmerecer esse honroso trabalho, por ser, em verdade, muito nobre pedir para dar.

Aquilo a que nos referimos diz respeito ao hábito, que já se vai tornando perigoso, de prejudicar o nobre labor da pregação nas sessões habituais, transformando-as em festas apresentadas e impondo, consequentemente, àquele que ali vão em busca de lenitivo para suas aflições morais, doar moedas que, muitas vezes, destinam-se às necessidades do lar, como que em pagamento antecipado pelos benefícios que venham a receber. Certamente, os organizadores de tais movimentos não desejam cobrar dos frequentadores de suas casas quaisquer importâncias em dinheiro. Pedem somente aos que desejam dar, mas ainda assim tal procedimento impressiona mal.

Dar pão, agasalhar, medicar e cobrir são manifestações muito elevadas da caridade; no entanto, não esqueçamos que o nosso Mestre e Senhor não descurou, um só momento, a sementeira da palavra edificante, através do esclarecimento justo e oportuno em todos os tempos e lugares. Mesmo em silêncio, Sua mudez era uma reação ao erro, deixando entendido não concordar com os excessos e as futilidades.

Necessitamos, atualmente, mais da Palavra, que é *pão da vida*, do que do pão do estômago, que não resolve as necessidades da vida.

Aos espíritas

Coletânea de mensagens sobre a unificação, o Movimento Espírita e os espíritas

Em nossa organização estatutária afirmamos, normalmente, que nos reunimos para "estudo e prática da Doutrina Espírita, organizada por Allan Kardec". Todavia, nossos centros estão sendo tomados de assalto, embora com respeitáveis exceções, pelo mercantilismo da caridade material, relegando-se a plano secundário a expressiva, profunda e imorredoura caridade do esclarecimento espiritual, que pode ser desdobrada na pregação oral e na difusão do livro, que orientam e renovam; no serviço de desobsessão, que liberta e esclarece; no passe socorrista, que ajuda e revigora; na doação da água magnetizada, que tonifica e robustece; no estímulo à oração, que consola e edifica, e nos testemunhos de fé, através de atitudes definidas na vida doutrinária, que favorecem o homem com a lição vibrante do exemplo que grita a recomendação de não repetir equívocos, aproveitando o tempo, antes gasto na inutilidade.

Existem meios outros, ao nosso alcance, que podem ser utilizados para granjear recursos financeiros para a assistência ao programa social, em nome do Evangelho, reservando-se, para tal fim, dias próprios, de caráter festivo, sem se modificar o roteiro da difusão doutrinária do Espiritismo nas sessões para tal fim destinadas. Uma hora e meia, duas vezes por semana, é tempo muito breve para a sementeira iluminativa da Palavra. E por isso mesmo não pode ser usado indevidamente.

Estudar a obra do codificador, comentá-la, difundi-la e vivê-la é a maior caridade que o espírita pode realizar, não esquecendo, naturalmente, o serviço de amor ao próximo pelo qual a Doutrina propugna.

O dinheiro que tanto faz falta para a materialização da caridade, em nosso meio, representa algo, mas não é tudo, porque, se verdadeiramente fosse essencial, as instituições que guardam importâncias vultosas nas casas bancárias dos principais países do mundo estariam realizando a prática abençoada do Evangelho pregado pelo Itinerante Galileu. Cuidemos zelosamente da propaganda do Espiritismo, vivendo os postulados da fé, honrando o Templo Espírita e iluminando as almas que o buscam esfaimadas de pão espiritual, para não incidirmos no velho erro de que os objetivos nobres de socorro justificam os meios pouco elevados que têm sido utilizados.

Recordemos que o Pioneiro do Amor e da Caridade nasceu sobre as palhas de uma estrebaria, vivendo entre pobres e simples, sem recursos. No entanto, fez-se, pela palavra e pelo exemplo, o grande propagandista da fé viva que esposava, escolhendo doze humildes para a difusão doutrinária.

Elegeu, por escola, verdejante outeiro, em cujo topo ensinou as libertadoras verdades do Reino de Deus.

Lembrando-Lhe o exemplo, façamos a propaganda eficiente e honesta do Evangelho e do Espiritismo em nossos templos, conservando a simplicidade e a austeridade que cativam sem aparato e inspiram sem manifestação exterior, dando vitalidade às nossas casas.

O Templo Espírita é escola de Espiritismo e é hospital de Espíritos. Se o estudante comum tem compromissos com a sociedade e o mestre-escola tem responsabilidade com as gerações que passam pelo seu gabinete, também o estudante espírita tem compromisso com o Mestre Divino, e o pregador tem deveres e responsabilidades com a alma dos alunos.

Negligenciar tais deveres é desrespeitar o salário da fé e paz interior que recebe para o honroso cumprimento das tarefas.

Na condição de aprendiz, o crente tem o dever de frequentar o Templo Espírita. Mais do que isso, tem a obrigação de reunir-se com os companheiros, semanalmente, para estudar as obras de Kardec e desenvolvê-las, associando-as ao Evangelho de Jesus. Assim, não há como deixar de frequentar o núcleo pelo menos duas vezes por semana.

Quantas enfermidades em desenvolvimento silencioso são atendidas discretamente pelos Espíritos superiores durante uma sessão espírita? Quantos males são evitados enquanto se participa de um culto espírita? Quantas bênçãos se recolhem num Templo Espírita durante o ministério doutrinário? São indagações oportunas que merecem meditação.

Temos uma dívida muito grande com o Espiritismo.

Por isso, a tarefa é de todos, e os esclarecidos devem trabalhar, contribuindo para o esclarecimento de outros.

Dentro do mesmo ângulo, o pregador não tem o direito de usar o Templo Espírita para chistes nem chacotas, desviando das diretrizes básicas do trabalho a oportunidade de servir.

Atenhamo-nos à fé espírita, fé que nos libertou das pertinazes enfermidades do espírito; que nos esclareceu a respeito da nossa sublime destinação; que baniu de nosso caminho o pavor da morte; que desvelou o Evangelho de Jesus Cristo; que nos apresentou Deus como a Suprema Justiça e a Suma Bondade, pelos conceitos racionais que nos ofereceu; que nos libertou das obsessões cruéis; que nos ajudou a estender a tolerância e a piedade aos inimigos e retirou-nos da ignorância, favorecendo-nos com o entendimento dos problemas morais-sociais através da reencarnação...

Por isso, honrar o Templo Espírita é preservar o Espiritismo contra os programas marginais, atraentes e aparentemente fraternistas, mas que nos desviam da rota legítima para as falsas veredas em que fulguram nomes pomposos de siglas variadas.

O Templo Espírita é como um colo de mãe narrando a verdade atraente e bela ao filho querido.

Dentro desse roteiro, cada Templo Espírita se responsabilizará pela assistência social na região de sua sede, de acordo com as possibilidades que lhe forem surgindo.

Honremos, pois, o Templo Espírita, fazendo dele a nossa escola de aprendizagem e renovação, para que o Espiritismo se honre conosco, felicitando-nos a vida!

Djalma Montenegro de Farias

18

Centro Espírita[24]

Bendita escola de almas na Terra, o Centro Espírita agasalha os corações batidos pelos vendavais das paixões. Portas abertas ao amor, é um celeiro de esperança na inquietude da noite das aflições, oferecendo comunicação com os Mundos transcendentes do Espírito imortal.

Oficina de incessante socorro, acolhe toda a aflição da Terra, caldeando-a com murmúrio de preces em continuados ministérios da caridade.

Aí, todas as feridas do sentimento encontram medicação e todas inquietudes recebem repouso.

Oásis em escaldante deserto, o Centro Espírita guarda a claridade da fé imortalista no sacrário do entendimento.

Entre repuxos de água refrescante a nascer nas fontes da caridade pacífica, esplendem as luzes claras do Evangelho, distendendo esperança sem limite.

---

24. FARIAS, Djalma Montenegro de [Espírito]. *Centro Espírita*. In: FRANCO, Divaldo Pereira [por diversos Espíritos]. **Sementeira da fraternidade**. 1 ed. Salvador: USEB, 1972, p. 207-208 (nota do organizador).

Hospital – recebe enfermos de toda procedência, sem lhe inquirir a doença nem exigir apresentação de carteira de saúde com os antecedentes da moléstia.

Templo – escuta os soluços da inquietude e atende o pranto das ansiedades, nascidos nos recessos da alma.

Escola – ensina as diretrizes da vida feliz, acenando com os triunfos após o curso rigoroso da autoelevação.

Mensageiro de Jesus Cristo, o Senhor de todas as igrejas, não se restringe a sua ação entre as singelas paredes da sua construção material.

O Centro Espírita também é, em nome do amor, o núcleo da assistência ativa à fome física, à nudez, à dor, multiplicando os braços de Jesus no mister abençoado do auxílio, distribuindo a bondade, santa e boa, sem preconceito nem interesse, sem desejo proselitista nem imposição adesiva.

Igreja de amor, academia de aprendizagem, é estrada de acesso ao serviço em favor de todos corações.

Djalma Montenegro de Farias

19

O CENTRO ESPÍRITA[25]

O Centro Espírita é uma célula viva e pulsante onde se forjam caracteres, sob a ação enérgica do bem e do conhecimento.

Mais do que uma sociedade de criaturas encarnadas, é um núcleo onde se mesclam os seres desprovidos da carne com os mergulhados no envoltório físico, em intercâmbio que faculta a evolução no programa de amor e trabalho.

Escola – torna-se educandário, graças ao qual a instrução alarga-se, desde a geração de fenômenos educativos de hábitos, para produzir discípulos conscientes da própria responsabilidade, até cidadãos capacitados para a vida.

Oficina onde se trabalham os sentimentos e se modelam os valores éticos, aos camartelos do sofrimento e da renovação, nas diretrizes que a caridade propõe como método depurativo e elevado.

Hospital – enseja as mais exclusivas terapêuticas para alcançar as causas geradoras do sofrimento, apresentando

---

25. FRANCO, Divaldo Pereira; CLÉOFAS, João [Espírito]. **Suave luz nas sombras**. 1. ed. Salvador: Editora LEAL, 1993, p. 104-105 (nota do organizador).

as ramificações das enfermidades e as expressões das dores morais, que devem ser transformadas em estado de saúde lenificadora.

Santuário que se converte em altar de holocausto dos valores morais negativos e de soerguimento das virtudes, em intercâmbio saudável com o pensamento cósmico, mediante a oração, a concentração e a atividade libertadora.

Na sua polivalência, o Centro Espírita enseja o intercâmbio continuado de criaturas de um plano com o outro e, na mesma faixa de vibrações, estimula o desenvolvimento das mentes equilibradas construtoras da sociedade feliz do futuro.

Allan Kardec, fundando a Sociedade Espírita de Paris, estabeleceu ali, na *casa-máter* do movimento nascente, o Centro ideal, para onde convergiam as aspirações, as necessidades, os problemas e objetivos de ordem espírita, a fim de serem examinados e bem conduzidos.

O Centro Espírita é o núcleo social onde se caldeiam os sentimentos, auxiliando os seus membros a tolerarem-se reciprocamente, amando-se, sem o que, dificilmente, os que o constituem estariam em condições de anelar por uma sociedade perfeita caso fracassem no pequeno grupo em que se aglutinam para o bem.

O Centro Espírita é, portanto, a célula ideal para plasmar a comunidade dos homens felizes de amanhã, oferecendo-lhes o contributo do respeito e da fraternidade, da atenção e do bem. Honrar-lhe as estruturas doutrinárias com a presença e a ação, pelo menos duas vezes por semana, é dever que todo espírita se deve impor, em benefício da divulgação da Doutrina que ama e que o liberta da ignorância.

João Cléofas

20

Os novos obreiros do Senhor (labor em equipe)[26]

Formamos uma grande família, na sublime família universal, uma equipe de Espíritos afins.[27]

Vinculados uns aos outros desde o instante divino em que fomos *gerados* pelo Excelso Pai, vimos jornadeando a penosos contributos de sofrimentos, em cujas experiências, a pouco e pouco, colocamos os *pilotis* de segurança para mais expressivas construções...

Errando, repetimos a tarefa tantas vezes quantas se nos façam imprescindíveis para a fixação das lições superiores no recôndito do Espírito necessitado.

Calcetas, hemos enveredado por ínvios caminhos donde retornamos amarfanhados, trôpegos, em face dos cardos e calhaus que tivemos de experimentar sob os pés andarilhos.

Ambiciosos, desertamos das diretrizes seguras da renúncia e da humildade para mergulhar em fundos fossos,

---

26. FRANCO, Divaldo Pereira; ÂNGELIS, Joanna de [Espírito]. **Após a tempestade**. 1. ed. Salvador: Editora LEAL, 1974, p. 124-137 (nota do organizador).

27. A presente mensagem foi refundida e ampliada por nós própria a fim de inseri-la nesta obra [**Após a tempestade**] (nota da autora espiritual).

onde nos detivemos tempo sem conto, até que soassem os impositivos restauradores, concedendo-nos oportunidade de reaprender e reencetar serviços interrompidos.

De instintos aguçados, preferimos espontaneamente as faixas animalizantes em que nos comprazíamos no primitivismo aos painéis coloridos e leves das Esferas mais-altas. Por esses e outros vigorosos motivos, temos avançado lentamente, enquanto outros companheiros, intimoratos, ergueram-se do caos e conseguiram ultrapassar os limites em que, por enquanto, ainda nos detemos.

Soa-nos, porém, a hora libertadora, e o instante é <u>azado</u>. Luz ou treva!

Decisão definitiva de libertação ou fixação nos exercícios repetitivos da própria inferioridade.

Ascensão ou queda nos resvaladouros das falsas necessidades que se convertem em legítimas necessidades, a <u>instâncias</u> nossas.

Cristo nos convoca, outra vez, ao despertamento e ao trabalho de soerguimento pessoal, que em última análise é o de soerguimento da Terra mesma.

Somos as células do organismo universal por enquanto enfermo, em processo liberativo, sob a terapêutica preciosa do Evangelho Restaurado.

Não é a primeira vez que nos chega a voz do *Cordeiro de Deus*, concitando-nos à redenção, ao avanço, à sublimação...

... Alguns O conhecemos nos idos tempos das horas primeiras da nossa era, preferindo, desde então, o <u>malogro</u> das aspirações que eram falsas.

Tivemos a oportunidade ditosa, e, todavia, não soubemos ou não a quisemos aproveitar... Depois, expiamos em densas dores, agônicas, em *regiões punitivas* de sofrimentos ressarcidores.

Rogamos reencarnações dolorosas, em que a lepra nos dilacerasse a carne fantasista, ou a alucinação nos dominasse as paisagens mentais, ou a demência nos fizesse esquecer, temporariamente, as impressões mais profundas, ou o câncer nos minasse as energias, impedindo-nos de maiores derrocadas, ou a viuvez, a orfandade, a paralisia decorrente dos surtos de epidemias constantes e guerras soezes, como recursos salvadores, a fim de meditarmos, refletirmos e desejarmos a luz do esclarecimento libertador...

Depois recomeçamos nas fileiras da fé, fascinados pela ensancha preciosa de reconquistarmos a paz perdida ou adquirir a tranquilidade desejada.

Ouvimos excelentes expositores do Divino Verbo e nos comovemos. Todavia, dominados pela avidez da posse, que não morrera de todo em nosso Espírito, avançamos, tresloucados, pelos sítios em que nos encontrávamos, armando a máquina da destruição em nome da crença.

Recebemos lições invulgares de paciência e humildade dos verdadeiros heróis da renúncia. No entanto, ante o campo largo que deparávamos à frente, reacenderam-se-nos as paixões e arregimentamos forças que espezinharam povos e cidades, sobre os quais dizíamos desejar implantar a Cruz... crucificando os reacionários.

Conotamos ensinos elevados, hauridos nas fontes da inspiração superior. Apesar disso, desejando guindar-nos aos poderes transitórios do mundo de ficções, esparzimos a intriga, habilmente dissimulada, usando o punhal da infâmia e o revólver da difamação com que conseguimos afastar *inimigos* que constituíam impedimento à nossa mentirosa ascensão.

Vimos o resplandecer das luzes espirituais em nossas reuniões de estudo, em claustros e seminários, monastérios silenciosos e grutas <u>ascetas</u>. Mesmo assim, convertemos os recursos da oração e da vigilância em astúcia, com que, no confessionário, extorquimos as informações que usávamos para ferir e destroçar em nome da *verdade* que manipulávamos a bel-prazer.

Pareciam inúteis os celestes apelos na acústica do nosso Espírito atribulado.

Reencarnamos e desencarnamos sob angústias e ansiedades, formulando planos e destruindo-os, rogando retornos apressados com que nos pudéssemos reabilitar em definitivo, sem que lobrigássemos o êxito que desejávamos realmente perseguir...

... Ocorre que a névoa carnal tolda a visão espiritual e de certo modo bloqueia, nos Espíritos tardos, as percepções melhores e mais sutis, anestesiando neles os centros da inspiração e da comunhão superiores.

Transcorreram séculos em <u>vaivéns</u> infelizes...

Nossos mentores espirituais, apiedados da nossa <u>incúria</u> e sandice, intercederam sempre por nós, fazendo que nos fossem facultadas novas investiduras no domicílio corporal.

Estivemos ao lado de artistas, pensadores, cultores das letras e das ciências, a fim de sentir-lhe o <u>bafejo</u> da mais alta ambição espiritual. Normalmente as suas auras nos afetavam, propiciando-nos lampejos iluminativos e abençoados, porém, rapidamente apagados, tão intoxicados estávamos.

Por fim, quando o abençoado *Sol de Assis* resplandeceu na Terra, reorganizando o *Exército de Amor* do Rei Galileu, fruímos a sublime ocasião de retornar às lides da fé, palmilhando as estradas impérvias que a humildade nos oferecia, enquanto a sua voz entoava a canção da fraternidade universal, com as notas melódicas da compaixão e da caridade.

Aos espíritas

Coletânea de mensagens sobre a unificação, o Movimento Espírita e os espíritas

Sempre em grupos afins, <u>volvemos</u> ao mergulho no carro somático e tentamos, em equipe, estabelecer as bases da felicidade ao calor da mensagem evangélica, que, então, começava a dominar os diversos arraiais da Terra.

Não foram poucos os esforços dos *adversários da luz* tentando apagar as pegadas do Discípulo Amado pelos caminhos da Úmbria, que se estendiam por além-fronteiras, na Terra sofredora. Inovações sutis e perigosas, excessos onde antes havia escassez, atavios em lugar de desapegos, aparências substituindo a aspereza da simplicidade, lentamente foram introduzidos no ministério cristão, e, por pouco, não fosse a divina vigilância do *Trovador de Deus*, quase nada ficaria para a posteridade, além das anotações vivas da sua caminhada incomparável...

Passamos a sentir o muito que deveríamos fazer por nós próprios, pelos nossos irmãos, principalmente os da retaguarda...

*

Quando se preparavam os dias da Codificação Espírita, quando se convocavam trabalhadores dispostos à luta, quando se anunciavam as horas <u>preditas</u>, quando se arregimentavam seareiros para a Terra, escutamos o convite celeste e nos apressamos a oferecer nossas parcas forças, quanto nós mesmos, a fim de servir na ínfima condição de sulcadores do solo onde deveriam cair as sementes de luz do Evangelho do Reino.

Assim, já no labor do século passado, em pleno <u>fastígio</u> napoleônico, as hostes espirituais mourejavam com <u>acendrado</u> carinho, renovando as paisagens da psicosfera da França, ainda tumultuada pelos acontecimentos revolucionários dos anos idos...

A tarefa se fazia, então, de grande e grave porte.

A maternidade ultrajada negava-se a novos cometimentos.

A moralidade combalida parecia desconcertada para tentames maiores.

A fé desgovernada saíra da asfixia, em que padecia alucinação, para a indiferença que entorpece.

Os códigos dos *direitos humanos*, não obstante estabelecidos pelo novo *status*, sofriam as injunções guerreiras do novo imperador...

Lentamente, porém, foram-se clareando os <u>plúmbeos</u> céus da Humanidade, à medida que mergulhavam na atmosfera fisiológica antigos heróis do pensamento, mártires da fé, guerreiros da caridade e missionários da Filosofia como da Ciência, da moral como da Religião.

Entre eles estava Allan Kardec, o incorruptível trabalhador da Era Espírita, que logo deveria começar.

O labor assumia proporções dantes quase jamais igualadas...

Aqueles eram os dias em que as convulsões do pensamento abririam as comportas para as experiências práticas, que ensejariam a era da tecnologia e da eletrônica futura, com todos os seus complexos surtos de progresso e evolução, perigosos, igualmente, pela probabilidade de o homem, <u>assoberbado</u> pelas conquistas do conhecimento, pensar em ser *deus*, sem conseguir, todavia, ultrapassar os limites da própria insignificância...

Acompanhamos, assim, na América e na Europa, a erupção da fenomenologia medianímica, alguns emprestando suas possibilidades para as experimentações primeiras que anunciariam o momento exato para a ação do <u>lídimo</u> expoente da razão, na fé libertada de preconceitos, de dogmas e de limitações.

Outros, manipulando <u>retortas</u> e fazendo experiências de laboratório, deixamo-nos atrair ao *fato espírita*, sem que possuíssemos a coragem de declará-lo com inteireza, como fizeram poucos cultores da Verdade, receosos dos compromissos novos e pesados que, porventura e logicamente, deveríamos assumir.

Experimentadores e cobaias, legítimos ou não, multiplicaram-se rapidamente, e alguns de nós entre eles.

Médiuns e pesquisadores, estivemos desejando cooperar sem o êxito desejado.

Opúsculos e livros, folhetins e monografias apareceram volumosos, e debates sensacionais encheram páginas e páginas de periódicos, bem como relatórios extensos formaram múltiplos volumes, sem que colimassem a superior finalidade de restabelecer na Terra o culto à verdade, ao dever, ao amor, à caridade, conforme ensinara e vivera o Amigo Divino de todos nós.

Foi Allan Kardec, indubitavelmente, o insigne herói daquela hora e o exemplo insuperável para os tempos porvindouros, quem tomou a bússola da razão e conduziu com segurança a barca da fé.

Abandonou tudo e, arriscando-se – pois tinha a certeza da legitimidade dos postulados que os Espíritos lhe ofereciam, após os caldear e os averiguar com sabedoria de inspirado dos Céus –, transformou-se em estrela <u>rutilante</u>, vitalizado pelo Mundo transcendente, para clarificar intensamente os tempos de todos os tempos.

Quantos, no entanto, <u>malograram</u>!...

Não pequena foi a quota dos desertores, dos detratores, dos caídos naqueles dias, e ainda hoje!...

*

Adestrados, agora, para os inadiáveis serviços de reconstrução do mundo em que nos encontramos, mediante o uso dos instrumentos da mansidão, da justiça e do conhecimento, mister se faz que nos detenhamos a reflexionar em regime de urgência e em clima de tranquilidade.

A fé que bruxuleia em nossos Espíritos é a nossa lâmpada-bússola, apontando rumos.

Os recursos acumulados e as possibilidades a se multiplicarem constituem os tesouros para aplicação racional no investimento da atual reencarnação.

Não há sido pequeno o trabalho envidado pelos administradores espirituais das nossas vidas, a fim de nos reunir, de nos acercar uns dos outros, após incessantes períodos de disputas infelizes, de justas inexplicáveis, de idiossincrasias domésticas...

Já não se dispõe de tempo para futilidade, tampouco para ilusão.

Necessário lidar com Espíritos resolutos para a tarefa que não espera e o dever que não aguarda.

Estes são os momentos em que deveremos colimar realizações perenes.

Para tanto, resolvamo-nos em definitivo produzir em profundidade, acercando-nos de Jesus e por Ele facultando-nos conduzir até o termo da jornada.

Não será, certamente, uma incursão ao reino da fantasia ou um passeio gentil pelos arredores da catedral da fé. Antes, é uma realização em que nos liberaremos das injunções cármicas infelizes, adquirindo asas para maiores voos na direção dos <u>inefáveis</u> Cimos da Vida.

Há muito por fazer, que deve ser feito sem a presunção jactanciosa, que <u>empesta</u> as melhores expressões do serviço, nem os injustificáveis receios, que turbam a claridade dos horizontes de trabalho.

Conscientes das próprias responsabilidades, não esperemos em demasia pela transformação de fora, mas envidemos esforços para o aprimoramento interior.

Sem veleidades, iniciemos o trabalho de construção do novo mundo, retirando dos escombros do Eu enfermiço os materiais aproveitáveis para as novas edificações a que nos devemos dar com euforia e santificação.

Devidamente arregimentados, iniciemos o labor, partindo do lar, que deverá permanecer sobre as bases sólidas de amor, de entendimento e de fraternidade, de modo a resistir às investidas da insensatez e da leviandade que nos não podemos permitir.

Estamos no lugar certo, ao lado das pessoas corretas, vivendo com aqueles que nos são os melhores elementos para a execução do programa.

A pretexto de novas experiências ou fascinados pela utopia de novas emoções, não perturbemos o culto dos deveres a que nos jugulamos com fidelidade.

Nenhuma justificação para o equívoco, nenhum desvio de responsabilidade.

Tornemo-nos o *vaso* onde deve arder a flama do bem, oferecendo, também, o *óleo* dos nossos esforços reunidos em benefício da intensidade da luz.

Adversários, cujas matrizes estão insculpidas em nosso imo, surgirão a cada passo, de dentro para fora, e incontáveis virão em cerco, de fora para dentro, colocando o cáustico da aflição no cerne dos nossos sentimentos.

Tenhamos paciência e vigiemos!

Somente resgatamos o que devemos.

Apenas seremos atingidos nas fraquezas que necessitamos fortalecer.

Aliciados pelo Senhor, à semelhança d'Ele encontraremos resistência para superar dificuldades e vencer limitações que nos retinham até aqui na retaguarda.

Acenados pelo Senhor e por Ele conduzidos, avançaremos.

Evidente que as nossas pretensões não ambicionam reformar nada, senão nos reformarmos a nós mesmos. Primeiro incendiar de entusiasmo e esperança a Terra e as criaturas dos nossos dias, aprofundando estudos no organismo rígido da Codificação, de modo a trazê-la ao entendimento das massas, repetindo as experiências santificantes dos *homens do Caminho*, que abriam as portas das percepções às Entidades espirituais nos seus cenáculos de comunhão com o Reino de Deus.

Estribados no amor fraterno e alicerçados no estudo consciente dos postulados espíritas, promovamos o idealismo ardente, produtivo, abrasador, com que se forjam lídimos servidores das causas superiores, convocando as multidões, ora desassisadas, que caíram nos despenhadeiros da alucinação por não encontrarem mãos firmes na caridade da iluminação de consciências e no arado da fraternidade, concitando-as ao soerguimento e à renovação.

Com todo respeito a todos, não temamos, porém, ninguém.

Vinculados e adesos ao trabalho, nos grupos de ação, casas e entidades veneráveis, auxiliemos, verdadeiramente ligados à Causa, ao Cristo e a Kardec.

Nosso Guia seguro continua sendo Jesus.

A qualquer ataque, o silêncio, que é a lição de coragem pouco conhecida. O defensor da nossa honra e do nosso trabalho é o Senhor. A nós nos cabe a glória de servir, sem pretensão. Como a Seara é d'Ele, a Ele compete decidir e dirigir...

Em nossa equipe de trabalho, reunamos os companheiros que preferem a pesquisa consciente e metódica, sistemática e racional, facultando-lhes aprofundar observações e divulgá-las em termos condicentes com os conhecimentos dos dias atuais.

Sem pressa, por significar esse trabalho excelente campo para comprovações firmes e indubitáveis, perseveremos, mesmo quando, aparentemente, os resultados parecerem tardar ou não corresponderem às nossas aspirações...

Cresce a árvore paulatinamente, e o corpo se desenvolve célula a célula, em equipe harmoniosa, sincronizada.

Aqueloutros que sentirem o hino, a música da palavra emboscada no coração, reúnam-se a estudar e debater temas, formulando conotações atuais e oportunas, para, logo após, saírem como semeadores da esperança, lançando as sementes nos solos dos corações humanos sempre muito necessitados, entre os quais nós próprios nos <u>arrolamos</u>.

Estes, afervorados no ideal de servir, examinem as dores do próximo, suas necessidades imediatas, e, em vez do simplismo da dádiva que libera da responsabilidade, a ação profunda, a realização social, que não apenas amenize o problema agora, mas que, possivelmente, resolva a dificuldade, mediante os recursos que lhes oferecermos, para se libertarem a si mesmos.

Uns, estudiosos, divulguem pelo livro abençoado ou pelo folheto delicado as excelentes lições do Espiritismo, que tem resposta para a problemática de hoje como a de amanhã, esclarecendo realmente o homem aparvalhado sob a constrição de mil cogitações tormentosas e as cargas pesadas que engendram outros mil distúrbios, de modo a acender-lhe a lâmpada da esperança no céu do Espírito atribulado.

Reunamo-nos todos, com frequência, a fim de dirimir dificuldades e incompreensões, em encontros de ação cristã, debatendo os nossos serviços e permutando experiências adquiridas no campo da própria realização, com que nos resguardaremos da prepotência do Eu e da vaidade de obreiros que se não permitam enganar.

A palavra de cada irmão é moeda de valor que nos merece consideração, por seu turno, necessitada de debate e discussão salutar.

Há demasiados sofrimentos aguardando nossa ajuda fraternal.

O desespero, que cavalga <u>infrene,</u> espera por nós.

O intercâmbio espiritual atuante não dá margem à dubiedade de comportamento moral.

A *ética* escarnecedora destes dias vige esperando a revivescência da moral cristã em toda a sua <u>pujança</u>.

Nenhum <u>melindre</u> em nós, suscetibilidade negativa nenhuma.

O Espiritismo é o renascimento do Cristianismo em sua pureza primitiva.

Todos os fatos, quando examinados do *ponto de vista espiritual,* mudam de configuração.

À meridiana luz da reencarnação, alteram-se as técnicas da vida, e a esperança domina as mentes e os corações.

Se não conseguirmos avançar em grupo, sigamos, assim mesmo, conforme nossas forças.

O desânimo de uns não pode contaminar os demais.

Os mais bem dotados não devem sofrer a inveja dos menos aquinhoados.

Todos nos constituímos peças da engrenagem feliz para a construção do Reino de Deus, que já se instala na Terra.

As muitas aflições chamarão em breve o homem para as realidades nobres da vida.

Não nos permitamos dúvidas, em face da vitória da dissolução dos costumes ou diante da licenciosidade enlouquecedora.

Quem fizesse o confronto entre Cristo e César, naquela tarde inesquecível, veria no último o triunfador, no entanto, era Jesus o Rei que retornava à glória solar, enquanto o outro logo mais desceria ao túmulo, confundindo-se na perturbação...

Os valores que passam apenas transitam... Não nos fascinemos com eles, nem os persigamos.

Nossas são a taça de fel, a pedrada, a difamação, <u>quiçá</u> a cruz...

Depois de tudo consumado, porém, conforme acentua o Mestre: *"Os primeiros serão os últimos, e os últimos serão os primeiros no Reino dos Céus".*

Não será fácil. Nada é fácil. O fácil de hoje foi o difícil de ontem, será o complexo de amanhã. Quanto adiemos agora aparecerá, depois, complicado, sob o acúmulo dos *juros* que se capitalizam ao *valor* não resgatado.

Aclimatados à atmosfera do Evangelho, respiremos o ideal da crença...

... E, unidos uns aos outros, entre os encarnados e com os desencarnados, sigamos.

Jesus espera: avancemos!

Joanna de Ângelis

21

NA SEARA ESPÍRITA[28]

Mesmo na abençoada seara espírita você os defrontará. Trânsfugas de muitos deveres aportam no Espiritismo para se redimirem. Todavia, em breve, ei-los que surgem prepotentes e dominadores.

A Doutrina que os acolheu transforma-se em campo de lutas onde se guardam, escudando-se nos seus ensinos e os arremessando como lanças e dardos venenosos contra outros.

Fazem-se defensores do ideal e apropriam-se indebitamente da conceituação de espíritas para zurzirem, combaterem, discutirem imponderadamente, dificultando a produtividade dos companheiros.

Estão atentos em toda parte, repontam em todo lugar.

Acreditam-se defensores da pureza doutrinária da Terceira Revelação, e, ociosos, demoram-se na espreita com celeiros da ação vazios de feitos.

---

28. VASCONCELLOS, Lins de [Espírito]. *Na seara espírita*. In: FRANCO, Divaldo Pereira [por diversos Espíritos]. **Crestomatia da imortalidade**. 1. ed. Salvador: Editora LEAL, 1969, p. 84-88 (nota do organizador).

Apegam-se, intolerantes, ao corpo de Jesus Cristo sob este ou aquele aspecto, e olvidam a moral vivida e ensinada por Ele no corpo da Sua Doutrina.

"O Espiritismo é Ciência" – dizem, e conduzem-se levianamente.

"O Espiritismo é Filosofia" – afirmam, e procuram viver bem.

"O Espiritismo não é Religião, Kardec o asseverou" – e pontificam, eximindo-se a uma conduta condicente com os ensinos do Cristo tão bem examinados a preconizados pelo codificador.

"Kardec disse" ou "Kardec não escreveu" é tema habitual e arma de afiado gume, mas pouco lhes importa o que Kardec fez em nome do amor, da moral e da caridade, seguindo Jesus, o Mestre por excelência.

O Evangelho para esses exegetas e pesquisadores é todo contradições, resguardando-se no dever de "separarem o Joio do trigo". A breve turno, transferem o Senhor para a galeria mítica de Israel, empolgados, embora, com o *Paracleto* que lhe reflete e projeta a Pessoa Inconfundível.

"Se isto não está explícito em Kardec, deve ser posto à margem" – opinam, imperturbáveis, conquanto o codificador declarasse em *A Gênese* que "se uma verdade nova se revelar, ele (o Espiritismo) a aceitará", embora, prossegue o sublime instrumento das vozes: "A Doutrina (Espírita) é, sem dúvida, imperecível, porque repousa nas leis da Natureza, e porque, melhor do que qualquer outra, corresponde às legítimas aspirações dos homens".

Combatem a ignorância intelectual, e se demoram escravos das derrocadas morais; condenam quaisquer tentativas de divulgação doutrinária que lhes não siga o talante; guardam azedume de referência a tudo e a todos.

Dizem-se progressistas, apoiando-se no cientificismo hodierno, mas a Doutrina Espírita deles nada recebe, porque lhes faltam as bases morais do caráter íntegro, que valem mais do que os discursos brilhantes e os excelentes compêndios.

Onde a virtude falece, as esperanças sucumbem e as possibilidades de êxito desaparecem.

Em razão disso, Jesus compôs o Seu colégio com onze galileus humildes, chamando Judas, um judeu ambicioso que, tresloucado, levou-O à infâmia da crucificação.

*

"Espíritas! Amai-vos; este o primeiro ensinamento; instruí-vos, este o segundo" – asseverou o Espírito de Verdade.

Ame e estude.

Ensine e ajude.

Escreva e socorra.

Pesquise e desculpe.

Não aponte erros, apresente soluções.

Não difunda enganos, sugira correções.

Não propague incêndios para destruir. Derrube somente quando puder reedificar.

Lembre-se de que o mundo tem passado sem você e continuará depois de você passar.

É verdade que o amor sem a claridade da razão se converte em paixão, gerando fanatismo e dor. Todavia, a cultura sem amor se transforma em hediondez e criminalidade, dando origem a todos os males que se conhecem.

A inteligência que não ama se perverte.

Só a razão conduzida pelo amor se faz mestra e mãe do Espírito humano, conduzindo-o livre e feliz à plenitude da vida.

*

Quanto lhe seja possível, opere o bem.

A morte não tarda.

Depois que se abre a cortina da vida de Além-túmulo, muita coisa se aclara na mente <u>obnubilada</u> ao grande impacto da desencarnação, oferecendo-nos a paisagem danificada pelo tempo que foi aplicado na inutilidade e no desperdício.

Aja, pois, sem reagir.

Erradique a mentira sem tornar a verdade odiada.

Lembre-se da afirmativa do Mestre, aliás, muito oportuna: *"A cada um será dado segundo as suas obras"*.

E propague a Doutrina Espírita – esse vigoroso sol da vida – com entusiasmo e amor, conduzindo as almas ao país da ventura inefável e da felicidade perene, porque "a Humanidade não é a espécie humana e não compreende a universalidade dos homens: a Humanidade é a memória dos mortos inspirando e guiando os vivos; é a soma de todos os altos pensamentos, de todos os nobres sentimentos, de todos os grandes esforços, referidos a um só e mesmo Ente, cuja alma é formada por esse conjunto e cujo vasto corpo é constituído pelos vivos" –, consoante afirma Joseph Longchampt, no seu *Ensaio sobre a oração*, embora sua condição positivista.

A Doutrina Espírita é luz; divulgue-a e você defrontará a felicidade na conjugação formosa do verbo consolar.

Lins de Vasconcellos

22

VIVÊNCIA ESPÍRITA[29]

O correto exercício do Espiritismo como condição basilar para o equilíbrio pessoal impõe valiosas regras de comportamento moral e espiritual que não podem ser relegadas ao abandono sob qualquer pretexto, pois que o desconsiderá-las incidiria em grave erro, cujas consequências padeceria o candidato à vida sadia, como distonias de várias formas e lamentáveis processos de enfermidades outras de erradicação difícil.

Não sendo o homem senão um Espírito em árdua ascensão, empreendendo valiosos esforços que não podem permanecer subestimados para lograr a renovação almejada, a vivência espírita é-lhe terapêutica salutar para as anteriores afecções físicas e psíquicas que imprimiu nos tecidos sutis do perispírito e agora surgem como dolorosos desaires... Simultaneamente, é preventivo para futuras sequelas, vin-

---

29. MENEZES, Bezerra de [Espírito]. *Vivência espírita*. In: FRANCO, Divaldo Pereira [por diversos Espíritos]; PEREIRA, Nilson de Souza (org.). **Depoimentos vivos**. 1. ed. Salvador: Editora LEAL, 1976, p. 77-79 (nota do organizador).

douros contágios que lhe cabem evitar, na condição de ser inteligente, zeloso da própria paz.

Conquanto as naturais tendências para a reincidência nos equívocos a que se vê inconscientemente atado, dispõe, com o conhecimento revelador dos elevados objetivos da vida, dos recursos liberativos e das técnicas prodigalizantes do equilíbrio, que, utilizadas, constituem o estado ideal que todos buscamos e que está ao alcance do nosso desdobramento de atividades.

Para tal cometimento – o da harmonia –, o código moral do Evangelho, perfeitamente redivivo no conteúdo doutrinário da Revelação Kardequiana, tem primazia de aplicação.

Não bastam as tentativas de adaptação ao programa evangélico, tampouco os palavrórios candentes e apaixonados, se não for buscada a atualização da ética espírita, portanto, cristã, incorporada aos atos do quotidiano, a fim de atingir a comunidade, de modo a contribuir, cooperar para a mudança do clima de inquietações e dores generalizadas, ora vigente, ásperos processos que o próprio homem estatui para a purgação compulsória dos males que cria, em esfera de agonia cruenta, loucura avassaladora.

Buscando anestesiar os sentidos nos gozos embriagadores e aniquilar a personalidade tumultuada no tóxico das fugas espetaculares pelo uso indiscriminado dos alucinógenos, mais se entorpece e vicia, descendo cada dia a mais sombrias estâncias de dor, onde, por certo, padecerá maior soma de tormentos e <u>agruras</u>...

Ao espiritista, <u>bafejado</u> pela sublime iluminação da Imortalidade, cabe o indeclinável sacerdócio do amor, de produzir emoções superiores onde se encontre, com quem esteja, consoante seja convocado à ação direta.

A fim de consegui-lo amanhã, indispensável <u>imantar-</u>
<u>-se</u> de amor e <u>esparzir</u> confiança na vitória do amor, na ingente luta em que nos encontramos, a fim de que o aparente mal dos maus não consiga descaracterizar os lídimos postulados do Cordeiro de Deus, que abraçamos e divulgamos em nome da nova ética, a espírita, que no entanto traz a mesma diretriz moral que há vinte séculos apareceu num estábulo, consubstanciou-se numa vida e não pôde ser extinta numa cruz.

Bezerra de Menezes

23

ANTE A SEARA ESPÍRITA[30]

O Espiritismo, partindo das próprias palavras do Cristo, como este partiu das de Moisés, é consequência direta da sua doutrina.

A GÊNESE – CAPÍTULO I, ITEM 30.

No campo espírita há lugar para todas as modalidades de labor que se possam imaginar, para quem deseja atingir a paz com felicidade plena.

A grande aspiração dos primeiros seguidores do Cristianismo nascente agora se repete entre os adeptos do Espiritismo – o Cristianismo reinante.

O espírita mantém vida pública em inalterável atuação produtiva.

Não tem horas reservadas para o auxílio – ajuda sempre.

Não usa o tempo em contemplação paralisante – age sem cansaço.

Não transforma a oração em petição de autobeneficiamento – faz da prece meio de comunicação com o Senhor.

Não confia, demorando-se em atitude morna e inoperante de espera inútil – utiliza os valores do tempo e conquista mérito.

---

30. FRANCO, Divaldo Pereira; ÂNGELIS, Joanna de [Espírito]. **Espírito e vida**. 1. ed. Rio de Janeiro: Edições Sabedoria, 1966, p. 145-147 (nota do organizador).

Não relega aos anjos tutelares as tarefas que lhe competem – crê no auxílio do Céu, mas trabalha nos deveres da Terra.

Não permuta com o Pai os valores do mundo em negociações ilícitas – reconhece-se como devedor permanente do Grande Criador e dá-Lhe a vida inteira.

O espírita, repetimos, estuda e aprende.

Em círculos de estudos, realiza a cultura e, aprendendo, ilumina a mente.

Ama e engrandece-se pelo trabalho.

Na seara do bem, desenvolve e santifica o sentimento.

Respeita, no mundo, o Grande Lar que o Genitor Divino erigiu.

E enobrece pela conduta reta o humilde lar que edifica para a felicidade da família.

Difunde a Suprema Misericórdia em exórdios candentes e apaixonados.

E realiza discursos de amor em atos de misericórdia para com os infelizes.

Acata as diretrizes das Leis Cármicas com que a vida o corrige e educa.

E usa o perdão como medicamento valioso para quantos o ferem na existência física.

Cumpre o dever da prece em conjunto, no templo de edificações coletivas.

E ora em segredo no silêncio da mente quando realiza, sofre ou é feliz.

Presta culto de sublimação à Sapiente Causa.

E descobre em todos os anciãos a figura do pai alquebrado, necessitando de braços que os amparem.

O Céu é o porto ansiosamente sonhado.

E a Terra é a escola de bênçãos preparatórias.

Sabe que a fé, a demorar-se em êxtase, é improdutiva, porque tem em Jesus o Mestre da ação incansável.

Dedica-te, assim, se buscas o campo espírita para a realização do autoaprimoramento, porquanto a felicidade prometida pelo Amigo Inconfundível não é daquele que a *assalta*, mas de quem sabe agir, permanecer e confiar nela.

Joanna de Ângelis

24

CONVITE AOS ESPÍRITAS[31]

No momento em que as aflições alcançam os mais expressivos índices de alucinação e delinquência, decorrência natural do estado de transição sociomoral por que passa a Humanidade; no instante em que as mais expressivas cifras de necessidades demonstram a inevitável falência das doutrinas utilitaristas, que esperavam comandar as mentes humanas; quando o homem apresenta o cérebro enriquecido de fórmulas que equacionaram alguns dos complexos fenômenos da Natureza e da vida, embora trazendo inevitáveis conflitos do sentimento e da própria razão; diante dos mapeamentos das regiões cerebrais, que facultam o entendimento de inúmeros problemas do comportamento, apesar de se abrindo outras áreas inexploradas; perante o sofrimento que ganha as ruas das cidades famosas do mundo, exibindo as feridas morais e espirituais da civilização, não podem ficar indiferentes aqueles que encontraram na Doutrina Espírita

---

31. SPÍNOLA, Aristides [Espírito]. *Convite aos espíritas*. In: FRANCO, Divaldo Pereira [por diversos Espíritos]. **Terapêutica de emergência**. 1. ed. Salvador: Editora LEAL, 1983, p. 33-37 (nota do organizador).

as respostas hábeis e claras para os múltiplos quesitos da realidade existencial do homem.

Identificando no Espírito as matrizes de todas as ocorrências do ser inteligente e no seu comportamento as gêneses das volumosas quão perturbadoras distonias dos grupos, sabe o espírita que qualquer atitude para facultar os resultados que seriam de desejar deve ter sua ação na sua realidade imortal, modificando-lhe a visão e o entendimento sobre a vida, de modo a serem geradas novas razões que, em curto, médio ou longo prazo, influenciarão a sociedade após transformar o próprio indivíduo.

Qualquer solução que não penetre no âmago da Vida espiritual não passará de paliativo para a conjuntura hodierna, quanto sucedeu no passado, em que procurou amputar os efeitos ou corrigi-los sem atuar nas nascentes donde se originam.

O Espiritismo, na sua perfeita síntese de conhecimento e informação, penetra as suas observações nos fatores predisponentes e preponderantes dos fenômenos humanos, possuindo, desse modo, as chaves interpretativas para as suas <u>incógnitas</u>.

O avanço do conhecimento e a mudança das paisagens sociopolíticas e religiosas ocorridos no mundo facultaram uma melhor oportunidade para a vigência e a experiência espírita, alternando os mecanismos da antiga perseguição para uma quase tácita aceitação do conteúdo doutrinário do pensamento kardequiano, ao mesmo tempo que uma auréola de respeito passou a envolver os <u>profitentes</u> da Terceira Revelação...

Como consequência, parece ter havido uma diminuição de motivo, fervor e interesse em muitos arraiais do

Aos espíritas

Coletânea de mensagens sobre a unificação, o Movimento Espírita e os espíritas

Movimento Espiritista, em que se acomodam os adeptos e os militantes, numa falsa colocação de que tudo está bem e nada se deve fazer, não sendo mais necessários o antigo ardor nem o anterior espírito de serviço.

É óbvio que se multiplicam, abençoadas, as exceções.

Embora a vigência dos modernos estatutos legais mais condizentes com as necessidades humanas e com perspectivas de melhorarem, já não se afiguram – afirmam os mais acomodados – necessários o sacrifício e a dedicação evangélica como nos dias apostólicos do Cristianismo ou nos anos que sucederam à Codificação do Espiritismo, em que havia um entusiasmo e labor sadios, crescentes, que produziam apóstolos e mártires como sucede com todos os ideais de enobrecimento da Humanidade.

Aparecem mesmo, nestes dias paradoxais – de cultura e ignorância –, pessoas desinformadas ou presunçosamente esclarecidas que propugnam por um *revisionismo doutrinário*, apontando erros e impondo regras novas a respeito da mensagem espírita, que permanece inexplorada, aguardando estudiosos e aplicadores que se resolvam por apressar o período de renovação social, previsto e anunciado pelo <u>preclaro</u> mestre de Lyon.

Possivelmente, as circunstâncias socioeconômicas, os fatores pressionantes dos tempos de luta tiranizante têm distraído os espíritas de maior dedicação à prática e ao estudo do Espiritismo, sendo logrado conseguir-se simpatizantes para a Causa e poucos espíritas verdadeiros para a vivência da Doutrina.

O seu estudo metódico, a sua divulgação através dos recursos próprios à mentalidade moderna, a vivência honesta dos ensinos através da caridade constituem desafios que aguardam os interessados, a fim de que se ressuscite o espírito missionário, que lentamente cede lugar ao fenômeno acomodatício da indiferença ou à reação da agressividade injustificável.

Pessoas que antes se dedicavam, motivadas pelo combate sistemático contra este ou aquele credo religioso ou filosófico, não aprenderam a atuar a favor do bem sem o hábito de enfrentar *adversários*, valorizando, quanto devia, a ação do progresso e da educação das massas, através da informação positiva e da terapia preventiva contra os erros e gravames, de que o Espiritismo é rico em contribuição.

Na falta, portanto, dos *inimigos* tradicionais, que geraram conflitos em todas as áreas do progresso humano, os combatentes voltam-se, agora, para apontar erros no Movimento, evadindo-se da tarefa de ensinar pelo exemplo, brandindo as armas do trabalho eficiente em vez da <u>catilinária</u> verbalista ou das páginas que incendeiam os corações e aturdem as mentes...

Campo de debates, onde cada qual é independente para agir e encetar o dever da opção assumida, o Espiritismo é Doutrina de liberdade, sem que, neste contexto, possa alguém se eximir da consequente responsabilidade dos atos.

Indispensável que todos nos conscientizemos – desencarnados e encarnados – dos compromissos perante a ensementação do bem na seara do Senhor e, sem medirmos esforços, partamos para a lavoura da realização, porquanto nunca, tal como agora ocorre, houve tanta necessidade do conhecimento, da vivência e da lição espírita, modeladores de um homem feliz e de um mundo melhor.

Em todo lugar onde nos encontremos, envidemos esforços para a verdadeira luta do amor contra a brutalidade e da educação contra a ignorância, oferecendo a quota de luz que todos possuímos, na certeza de que este é um dever nosso – de espíritas – que não podemos postergar ou transferir para outrem.

A nossa oportunidade ditosa surge e logo passa. Utilizemo-la com a sabedoria de quem examina antigas paixões com a tranquilidade do tempo que as venceu, aplicando os resultados para o próprio e o bem geral.

Ergam-se os trabalhadores do Evangelho Restaurado e entreguem-se à <u>faina</u> desafiadora que assinalará a Era Nova que se anuncia no momento das grandes dores que caracterizam a transição do "mundo de provas e expiações" para o "mundo de regeneração".

Aristides Spínola

25

NOVOS RUMOS[32]

Espíritas, meus irmãos!

Urge que consubstanciemos, em nosso comportamento diário, a mensagem do Cristo, a fim de que a desencarnação não nos surpreenda desatentos...

Antes ignorávamos as verdades da informação espírita e por essa razão caminhávamos desassisados e inquietos.

Depois, convidados pelo Mundo maior às realidades da vida, despertamos para as responsabilidades que nos convocam à correta atitude, de modo a plasmarmos no dia a dia a diretriz que nos pode libertar e conduzir com segurança.

Muitos discípulos do Evangelho, desatentos, dirão que não há oportunidade para vivermos, nestes dias, aquelas excelentes verdades, que há dois mil anos nos fascinam, sem conseguirem impregnar-nos com a necessária pureza.

Dir-nos-ão que já não se pode experimentar aqueles abençoados estados de intercâmbios espirituais, através dos quais haurimos força e vitalidade para prosseguir...

---

32. RIBEIRO, Guillon. *Novos rumos*. In: FRANCO, Divaldo Pereira [por diversos Espíritos]. **Sol de esperança**. 1. ed. Salvador: Editora LEAL, 1978, p. 37-41 (nota do organizador).

Sabemos, porém, que estes, que assim esclarecem, encontram-se equivocados.

Temos experimentado a paz da comunicação entre os dois mundos e, muitas vezes, temos conseguido fruir as mesmas consolações que no Cenáculo da Casa do Caminho os discípulos do Rabi Galileu igualmente desfrutavam...

Para tais pensadores apressados, que também repontam em nossas hostes nos dias atuais, o Espiritismo é a técnica de investigação por meio da qual, na mediunidade, podem-se constatar as realidades do Mundo extrassensorial. Quando assim se revelam, no caráter apenas de pesquisadores bem-intencionados, estabelecem que a Doutrina Espírita é a rota filosófica para resolver os problemas e as incógnitas do pensamento que, desde *Oedipus*, aguardam novos e audazes heróis que se possam libertar da agressão da Esfinge e da sua cruel fatalidade, decifrando-a novamente...

Uma grande parte dos companheiros igualmente se deixou fascinar pelo Espiritismo e o toma como religião apenas, permitindo-se arrastar por lamentável fanatismo que paulatinamente pode conduzir, por ignorância, a uma seita infeliz, desfigurando-o em qualquer de seus nobres aspectos, como se assim desfigurado somente em uma das faces, através das quais foi apresentado pelo codificador, pudesse representar sua legítima verdade.

Nesse sentido, convém perseverarmos na conceituação sempre nova e atual da tríade divina com que as *vozes dos Céus* o revelaram a Allan Kardec: Ciência, Filosofia e Religião.

Sob todos os ângulos nos quais seja considerado, o Espiritismo é síntese do Pensamento Divino oferecido à Humanidade para sua própria recristianização.

Contemplamos nestes dias as terríveis aflições que visitam o coração e a mente humana; examinamos as superlativas dores que ameaçam desabar sobre a sociedade hodierna; observamos o avanço da técnica e a desorganizada correria do homem em busca de *coisa nenhuma*, e recordamos as consolações prometidas por Jesus, hoje recendendo na mensagem espírita o seu aroma sutil, penetrando os corações, abrindo novas perspectivas às mentes indagadoras e oferecendo paisagens dantes jamais sonhadas aos <u>nautas</u>, incansáveis aventureiros nos mares da vida carnal...

Por essa razão, somos convocados a repetir a necessidade de corporificarmos, através do Espiritismo, as palavras de Jesus em nossa conduta diária.

Quando nos afirmam que estes são outros tempos, sentimos, sim, que mudaram as épocas, as circunstâncias e as técnicas, mas o homem continua o mesmo do passado, herdeiro de si mesmo, conduzindo sobre os ombros, nas diversas experiências carnais, o legado dos atos que o impelem a vir e voltar, encetando e repetindo jornadas através das quais busca a própria libertação das sombras da morte e do sofrimento...

Por essa razão, conjugando os diversos tempos e modos do verbo servir, avancemos.

Intimoratos, sigamos intemeratos, conquistando as terras desconhecidas do Espírito e espargindo a luz clarificadora do Evangelho sobre as próprias pegadas.

Jesus é o mesmo hoje; o mesmo de ontem e o mesmo de sempre.

Deixemos o rol das queixas e das recriminações, as rotas negativas da própria inferioridade e levantemo-nos resolutos para o labor que nos cabe executar.

Há muitos corações que choram e mentes em desalinho que aguardam a nossa cooperação.

Não se encontram apenas nos grabatos da miséria ou nas sarjetas das ruas... As grandes maiorias desfilam no palco das ilusões e afivelam máscaras de poder, fortuna, cultura e glória... Parecem superiores e felizes, mas não o são. Apresentam-se como dominadoras, e são dominadas no imo de si mesmas... Revelam-se na condição de senhores do mundo, no entanto são servas das paixões subalternas...

Apiedemo-nos deles todos, nossos irmãos enganados pelas utopias e vencidos pela prosápia da própria incúria.

Ofereçamos-lhes a mensagem espírita, falando-lhes em linguagem compatível com seu entendimento e façamos que eles sintam a grandeza da Revelação, graças à paz e à alegria interior de que nos encontremos revestidos.

Para tanto, perscrutemos as palavras do codificador e penetremos-lhes as nascentes, banhando-nos na água lustral de que se constituem.

É verdade que devemos examinar e reexaminar a Codificação Kardequiana a fim de nos aparelharmos para as grandes lides do momento. E fala-se mesmo quanto à necessidade de uma revisão em muitas partes da Doutrina, que se encontraria ultrapassada...

Sem dúvida, é imprescindível estudar o Espiritismo para apresentá-lo de modo consentâneo às necessidades desta ou daquela ordem, nestes dias de cultura, tormento e técnica...

O Espiritismo, porém, é luz, e como tal não pode conter trevas.

Suas bases são inamovíveis.

O que ora nos parece superado é conceito que não se encontra devidamente desdobrado nem valorizado na sua real significação.

Por isso mesmo, peregrinemos pelas retortas e laboratórios, pesquisando e analisando; frequentando as escolas da indagação e reunamos informes; busquemos a técnica, porém, tudo estudemos à luz do Espiritismo, em cuja fonte há <u>linfa</u> para a sede expressiva de que nos encontremos possuídos e da qual sejamos instrumentos...

... E sirvamos infatigavelmente.

Seja o nosso o salário do suor e da dedicação.

E levantando bem alto o <u>lábaro</u> da *caridade*, renovemo-nos no *trabalho* edificante, agindo com *solidariedade* ampla, nova, constante e, através da *tolerância*, avancemos sem cessar, até o momento da nossa libertação em plenitude de paz.

Os rumos são o desdobramento das velhas e permanentes diretrizes do amor e do estudo, para que o amor nos felicite as horas e o estudo nos ilumine a consciência na direção de Jesus, Aquele a quem temos a honra de servir.

Guillon Ribeiro
FEB, Brasília, DF, 4 de outubro de 1970.

26

PORTA E CHAVE[33]

Mantenhamos a vitalidade da Doutrina no âmago da nossa alma, vivendo-a, integralmente, no dia a dia do nosso caminho. Espiritismo é também vida, manifestando a "Vida abundante".

Diante da sombra, não imprequemos contra a noite. Acendamos uma luz clarificadora e sigamos em frente.

Ante o obstáculo, não aprovemos o óbice. Contornemos a dificuldade e sigamos resolutos.

Em face do abismo, não maldigamos a tentação da queda. Transponhamos o fosso e continuemos intimoratos.

Jesus é a nossa ponte entre a Terra e o Céu.

Jesus é o hálito que nos sustenta, e a Sua mensagem de amor é a linfa poderosa que nos nutre, dulcificando-nos interiormente, a fim de que possamos atingir o ideal alcançado, que é o da nossa integração no espírito do bem.

Espíritas, meus irmãos!

---

33. BARSANULFO, Eurípedes [Espírito]. *Porta e chave*. In: FRANCO, Divaldo Pereira [por diversos Espíritos]. **Sol de esperança**. 1. ed. Salvador: Editora LEAL, 1978, p. 91-93 (nota do organizador).

Não somos estranhos peregrinos nestas sendas redentoras, mas antigos dilapidadores da palavra da fé.

Não nos encontramos mergulhados na carne por capricho do acaso. Renascemos para consertar, retornando para corrigir, reencetando a jornada para reaprender.

Ontem, açulados pela ilusão, desequilibramo-nos e, em sintonia com os dominadores do mundo, transitoriamente implantamos a mensagem da fé sob a chibata da impiedade. Em nome do Evangelho Restaurado, galopamos o corcel da ousadia destruidora, perturbando a conceituação da verdade, e por essa razão nossos celeiros de esperança e paz jazem vazios.

Desejando servir naqueles dias idos, mancomunamo-nos com a insensatez e semeamos a desídia e a intransigência para com os outros, ferindo-os fundo nas cogitações superiores. Agora choramos sem o consolo e sofremos o acúleo de singulares remorsos.

Que fizemos de Jesus? Por que sepultamos a palavra soberana do Rabi Galileu nos túmulos dourados da mentira?

Retornamos aos sítios antigos para os joeirar.

Não somos outros viandantes, senão aqueles corruptores da verdade.

Não estamos diferentes ainda. Antigos negadores do Evangelho do Cristo, conquanto dizendo servi-lO, aqui, de mãos dadas, tentamos reacender a lâmpada apagada do ideal, para que então ardam novamente as flamas da caridade e do amor, da pureza e da humildade.

Não regateemos esforços. Não negligenciemos. Se necessário, troquemos a vida perfumada da ilusão pela áspera senda que conduz à Imortalidade Triunfante.

Mudemos a <u>casula</u> brilhante do realce pela <u>cogula</u> modesta da renúncia e do anonimato no bem.

Amemos para sermos amados. Semeemos bênçãos para colher alegrias. Plantemos esperanças para que nossos pés jornadeiem pelos caminhos da segurança e, sobretudo, sejamos fiéis ao Cristo, a fim de que o Cristo domine na intimidade dos nossos Espíritos.

Não amanhã, nem mais tarde. Eis que soa nosso santo momento de ajudar e renovar-nos. Desdobremos esforços, começando cada um, intimamente, a tarefa de burilar-se, lapidando as imperfeições, para que, à semelhança do diamante puro que, arrancado da <u>ganga</u>, do cascalho, reflete a luz, possamos refletir o sol da crença na sua pujança de claridade e em ideal de nobreza.

Espíritas, sois o sal da terra!

Espíritas, estais no portal da luz... Vencei-o, penetrando-lhe a aduana.

Jesus é o caminho, a Doutrina Espírita é o estímulo para a jornada pela rota.

O Evangelho é a porta, a Codificação Kardequiana é a chave.

Jesus é o apelo, a Doutrina é o instrumento que no-lO traz, outra vez.

Marchemos, amando, vivificados pelo elixir que flui do dever puro e santo, e, fascinados pelo estímulo contínuo da mensagem sublime e consoladora do Evangelho vivo e atuante, não desanimemos nem receemos nunca.

"Segui a paz com todos e aquela santificação sem a qual ninguém verá ao Senhor!" – proclamou Paulo aos hebreus...

"Reuni os joelhos desconjuntados e marchai resolutos" – prosseguiu, conclamando.

Espíritas, meus irmãos!

Amai, servi, pregai e vivei a Doutrina do Cristo no altar de vossas vidas, para que, em breve, já não sejais vós a viver, mas o Cristo vivendo em vós.

Eurípedes Barsanulfo

Franca, SP, 21 de novembro de 1970.

27

FENÔMENO E DOUTRINA[34]

Procura o Cristo vivo em qualquer escola de fé onde te encontres.

O essencial não é a adoção da crença pelas vantagens aparentes que ela oferece. É imprescindível estar ciente, por experiência pessoal, dos objetivos que a vitalizam.

A crença, nos moldes tradicionais, é rotulagem de fé. A ciência, pela participação ativa dos postulados, é comunhão com a fé.

Por isso, é necessário demandar o fulcro do pensamento acolhedor da crença para certificar-se da sua legitimidade.

O crente é apenas um observador inoperante.

O ciente é um realizador ativo.

O primeiro produz para fora. Guarda a compostura da face, liga-se às fórmulas, entusiasma-se com as exposições, colabora com migalhas, presta satisfação, agrada...

---

34. FRANCO, Divaldo Pereira; ÂNGELIS, Joanna de [Espírito]. **Messe de amor**. 1. ed. Rio de Janeiro: Edições Sabedoria, 1964, p. 78-81 (nota do organizador).

O segundo realiza por dentro. Dispensa aparências, desdenha as rotinas, não valoriza hierarquias, raramente agrada, vive...

No primeiro empecilho, o crente queixa-se e foge, enquanto o ciente luta e sofre.

O crente vence no mundo porque a ele pertence. O ciente perde no mundo porque vence as convenções da superfície humana.

Um se faz triunfador, recebendo honrarias e destaque social. As homenagens vestem-no com os ouropéis da falsa superioridade e dão-lhe embalagem da santificação.

O outro parece vencido. Desinteressa-se das coisas vás, vencendo-se, libertando-se. Ninguém lhe descobre o valor.

No entanto, é nele que cantam as vozes da mensagem cristã, chamando-lhe a alma ansiosa e leal.

O exterior é fenômeno que passa.

O interior e consistente é doutrina que fica.

Assim, não te preocupes, no Espiritismo, com o fenômeno da mediunidade.

Em todas as épocas da Humanidade, as vozes falaram de maneira inteligível e sábia. Mas não se tem notícia de que os intermediários dessas vozes se entregaram desinteressadamente ao mister da própria elevação e da assistência fraterna dos demais.

Uns fugiam do mundo como se fossem bem-aventurados, silenciando a palavra. Eram chamados santos.

Outros se encastelavam no privilégio que a si se atribuíam e enlouqueciam, tomados pelas forças sedutoras da presunção. Eram conhecidos como magos.

Somente alguns porfiaram até a morte, abafando as vozes ao crepitar das chamas que os consumiram nas fogueiras tormentosas. Foram os mártires.

Alguns corações que hoje buscam as sessões do Espiritismo prático identificam os Espíritos, beneficiam-se e passam, iludindo-se quanto ao porto final...

Outros, irresponsáveis e fúteis, demoram-se nas pesquisas, desejando mais, sempre mais.

Creem agora, duvidam mais tarde.

Empolgam-se hoje, desinteressam-se amanhã.

Lembra-te do Espiritismo praticado e preocupa-te com o espírito da Doutrina.

O fenômeno é meio. A Doutrina é fim.

O fenômeno é informe. A Doutrina é esclarecimento.

O fenômeno chama. A Doutrina conduz.

O fenômeno é instrumento da Doutrina. A Doutrina é a vida do fenômeno.

O fenômeno sem a Doutrina reduz-se a um amontoado de informações sem valor. A Doutrina sem o fenômeno permanece indestrutível como organismo poderoso de esclarecimento e de salvação.

O fenômeno precedeu a Doutrina, e esta o superou.

Procura, assim, na Doutrina Espírita o Cristo realizador e, ligando-te a Ele pela ciência da crença, prossegue infatigável no teu programa de aperfeiçoamento, esforçando-te pela redenção de todos.

Joanna de Ângelis

28

Promoção[35]

Incontáveis companheiros espíritas, na atualidade, revivem o espírito de serviço cristão que neles se agiganta, conclamando-os ao intérmino labor de preparação da Era Nova.

Multiplicam-se eles em formosa sementeira e já se podem observar os resultados positivos da sua atividade proveitosa, em benefício de toda a seara do amor.

Entre eles corporificam-se a abnegação e a renúncia, emoldurando-lhes os esforços lavrados à base da vivência evangélica na integral harmonia dos seus postulados.

Escrevem e pautam a conduta na elevada correção de modos.

Falam e aplicam na vida diária os ensinamentos divulgados.

Oram e agem no campo da fraternidade, transformando palavras em socorro eficiente, que espalham, generosos, em nome do Senhor.

---

35. FRANCO, Divaldo Pereira; ÂNGELIS, Joanna de [Espírito]. **Florações evangélicas**. 1. ed. Salvador: Editora LEAL, 1974, p. 151-154 (nota do organizador).

Proclamam a excelência do amor e desdobram esforços na compreensão dos Espíritos sofredores que buscam amparar no carinho dos sentimentos.

Preconizam o perdão e esquecem as ofensas, disseminando a alegria, mesmo quando o pessimismo insiste em dominar, _pernicioso_.

Convém, no entanto, refletir com atenção.

Surgem e desaparecem com celeridade, na esfera do serviço ativo, trabalhadores diversos que se dizem fascinados por Jesus ou se apresentam tocados pela excelência da Doutrina Espírita que dizem e aparentam _desposar_.

Todavia, somente alguns perseveram fiéis ao programa encetado por longo tempo.

Enquanto brilham facilidades e o alarde dos aplausos estruge, ei-los a postos. _Entrementes_, logo são chamados ao testemunho do silêncio, no anonimato ou na ação aparentemente insignificante, debandam rancorosos, com queixas, _estremunhados_...

São os que promovem o Espiritismo, promovendo-se também.

*

Paulo de tal forma se esqueceu de si mesmo no serviço de Jesus, que exclamou: "Estou crucificado com Cristo; logo, já não sou eu que vivo, mas é Cristo que vive em mim"...

Francisco de Assis, servindo ao Senhor com elevada abnegação, olvidou, inclusive, a própria saúde, para doar-se totalmente à lição da renúncia e da humildade por amor a Ele.

Vicente de Paulo, tocado pela necessidade do próximo, alcançou os extremos da autodoação, trocando a sua pela vida de um _galé_, a fim de libertá-lo das cadeias que considerava injustas.

Joanna d'Arc, convencida do amparo que as suas vozes lhe ofereciam, deixou-se queimar, superando o instinto de conservação da vida física, fiel à Imortalidade.

Allan Kardec, conquanto advertido reiteradas vezes pelo Espírito generoso do Dr. Demeure, seu médico, então desencarnado, quanto à saúde, dela descurava para trabalhar, rompendo-se-lhe o aneurisma, em plena ação iluminativa de consciências.

E João Batista, o Precursor, enunciava em júbilo: – *Necessário é que Ele cresça e eu diminua* –, promovendo-O e apagando-se.

*

Cuida de promover a Causa e olvida as transitórias casas a que te vinculas; propagando o Espiritismo em toda a sua pureza, fiel aos postulados kardequianos, ilumina-te na Sua claridade, deixando a tua pessoa em plano secundário; ampliando o campo para a ensementação da Verdade, não te iludas...

A promoção da Doutrina que te honra não deve constituir-te motivo de destaque personalista, porque o verdadeiro trabalhador ama na semente a planta futura e na terra reverdecida encontra resposta da vida ao esforço desenvolvido.

Servindo desinteressadamente, não te alcançarão as agressões dos maus – que são transitórios no caminho –, e a perseverança da tua atividade, quando outros a deixaram, responderá pela nobreza dos teus propósitos e do teu valor aplicados à fidelidade do ideal que te abrasa.

Porque Jesus distendesse o Pensamento Divino sobre a conturbada, quando pretendiam afetar a mensagem de que se fizera Mensageiro Celeste, <u>invectivava</u>, enérgico e pulcro; no entanto, quando se levantavam contra Ele, deixava-se conduzir, confiando no Pai, a ensinar que a Palavra de Vida Eterna é pão insubstituível para a manutenção do Espírito, enquanto que aquele que dela se faz portador, entregue à Verdade, não se deve preocupar consigo, por estar nas mãos de Deus, que tudo supervisiona e dirige com sabedoria.

*

"É necessário que Ele cresça e que eu diminua."
João, 3:30.

"Não ouso falar do que fiz, porque também os Espíritos têm o pudor de suas obras [...]."
S. Vicente de Paulo
O Evangelho segundo o Espiritismo,
cap. XIII – item 12, § 6º.

Joanna de Ângelis

29

PLANEJAMENTO[36]

A Doutrina Espírita transforma completamente a perspectiva do futuro. A vida futura deixa de ser uma hipótese para ser realidade.

O CÉU E O INFERNO – PRIMEIRA PARTE, CAP. II, ITEM 10.

A obra do bem em que te encontras empenhado não pode <u>prescindir</u> de planejamento.

Nem o estudo demorado, no qual aplicas o tempo, fugindo à ação. Nem a precipitação geradora de muitos insucessos.

Para agires no bem, muitas vezes, qualquer recurso positivo constitui-se material excelente de rápida aplicação. Todavia, o delineamento nos serviços que devem avançar pelo tempo tem regime prioritário.

A terra <u>devoluta</u>, para ser utilizada, inicialmente recebe a visita do <u>agrimensor</u> que lhe mede a extensão, estuda-lhe as curvas de níveis, abrindo campo propício a agricultores, construtores, urbanistas que lhe modificarão a fisionomia.

O edifício suntuoso foi minuciosamente estudado e estruturado em maquetes facilmente modificáveis.

---

36. FRANCO, Divaldo Pereira; ÂNGELIS, Joanna de [Espírito]. **Espírito e vida**. 1. ed. Rio de Janeiro: Edições Sabedoria, 1966, p. 116-117 (nota do organizador).

Até mesmo a alimentação mais humilde não dispensa a higiene e quase sempre o cozimento, a fim de atender devidamente ao organismo humano.

A improvisação é responsável por muitos danos.

Improvisar é recurso de emergência.

Programar para agir é condição de equilíbrio.

Nas atividades cristãs que a Doutrina Espírita desdobra, o servidor é sempre convidado a um trabalho eficiente, pois que a realização não deve ser temporária nem precipitada, mas de molde a atender com segurança.

A caridade, desse modo, não se descolore na doação pura e simples, adquirindo o <u>matiz</u> diretivo e salvador.

Não somente hoje, não apenas agora.

Hoje é circunstância de tempo na direção do tempo sem fim.

Agora é trânsito para amanhã.

Planejar-agindo é servir-construindo.

Por esse motivo, ajudar é ajudar-se, esclarecer significa esclarecer-se e socorrer expressa socorrer-se também.

<u>Planifica</u> tudo o que possa fazer e que esteja ao teu alcance.

Estuda e examina, observa e experimenta, e, resoluto, no trabalho libertador avança, agindo com acerto para encontrares mais tarde, na realização superior, a felicidade que buscas.

Para que o Mestre pudesse avançar no rumo da semeação da Vida eterna, enquanto entre nós, na Terra, meditou dias e noites, retemperando as próprias forças, sentindo o drama e a aflição dos Espíritos, a fim de que, em começando a trajetória de amor, nas verdes paisagens da Galileia a nas frescas margens do Tiberíades, não recuasse ante a agressão e a impiedade que investiram contra o Seu apostolado, planejando e agindo, amoroso, até a morte. E mesmo depois, em buscando os <u>páramos</u> da Luz Inextinguível, volveu, para os que ficaram na retaguarda, o coração generoso, acenando-lhes com a plenitude da paz depois da vitória sobre eles mesmos.

Joanna de Ângelis

30

MOMENTO DE AVALIAÇÃO[37]

Bem-aventurados sois, quando vos injuriarem, vos
perseguirem e, mentindo, disserem todo o mal contra vós
por minha causa.

MATEUS, 5:11.

No encerramento de cada exercício é inevitável a estruturação de um balanço, em relação aos investimentos estabelecidos.

Receita e despesa, confrontados, resultam no saldo que caracteriza o acerto ou a incapacidade do administrador.

Ocorrências imprevisíveis, sucessos, malogros, alta e queda de valores amoedados respondem pelo resultado da empresa ao fecharem-se as contas.

*

No que diz respeito à economia moral, é imprescindível fazer-se uma avaliação das conquistas realizadas durante a ocorrência de cada período, para bem <u>aquilatar-se</u> de como se vai e de como programar-se a etapa nova.

Os minutos sucedem-se, gerando as horas.

Os dias passam, estabelecendo meses.

---

37. FRANCO, Divaldo Pereira; ÂNGELIS, Joanna de [Espírito]. **Alegria de viver**. 1. ed. Salvador: Editora LEAL, 1987 (nota do organizador).

Os anos se acumulam e as estruturas do tempo se alteram.

Quem conhece Jesus é convidado a investir, nos divinos cofres do amor, as moedas que a sabedoria lhe faculta em forma de maior iluminação, pela renúncia, caridade, perdão e esperança.

De tempos em tempos, impostergavelmente, torna-se necessário um <u>cotejo</u> do que foi feito em relação ao programado, para medir-se o comportamento durante o trânsito dos compromissos.

Façamos hoje, no encerramento da experiência, uma avaliação-balanço.

Constatada a presença de equívocos, disponhamo-nos a corrigi-los.

Identificados os êxitos, preparemo-nos para multiplicá-los.

Logrados os sucessos, apliquemo-los em favor do bem geral.

Detectados os malogros e sofrimentos, abençoemos a dor e a dificuldade que nos devem constituir impulso e estímulo para o prosseguimento.

Tenhamos, no entanto, a coragem de uma avaliação honesta, sem desculpas, sem excesso de intransigência.

*

Espíritos em processo lapidador, ainda nos não libertamos da ganga que impede se reflita no íntimo o brilho do amor de Jesus.

Não obstante triturados pela <u>bigorna</u> e o buril dos testemunhos, deixemos se manifeste a divina presença em forma consoladora e equilibrante.

Aos espíritas

Coletânea de mensagens sobre a unificação, o Movimento Espírita e os espíritas

Uma avaliação sensata far-nos-á descobrir onde e por que nos equivocamos, como e para que nos poderemos reabilitar, avançando com segurança no rumo do objetivo final.

*

Hora de balanço é hora séria.

Proponhamo-nos à pausa da reflexão com a coragem de nos despirmos perante a consciência, como se a desencarnação nos houvesse surpreendido e nos não fosse possível omitir, escamotear ou fugir à responsabilidade que adquirimos perante a vida, em face da dádiva da reencarnação.

Experiência que passa enseja lição que permanece.

E, de aprendizado em aprendizado, o relógio da eternidade nos propiciará o crescimento no rumo de Deus e na aquisição da virtude da paz.

Joanna de Ângelis

31

Equipe de trabalho[38]

Estudo – capítulo XX, item 2.

O problema da equipe de trabalho é, quase sempre, o problema do líder.

O individualista prefere a autoafirmação, mediante atitude de isolamento e egolatria, em que sucumbe mesmo quando forrado de ideias enobrecedoras e aspirações superiores.

Enquanto comanda, sente-se bem, esquecendo-se de que a liderança é fenômeno natural e que o melhor condutor se destaca pelo respeito que inspira e pelo valor que possui, não pela imposição e exigência que faz.

Os membros de uma equipe são trabalhados pela bondade e conduzidos pela sabedoria, do que decorre cada um ter o grupo de serviço que merece, em decorrência de o haver produzido.

*

---

38. FRANCO, Divaldo Pereira; ÂNGELIS, Joanna de [Espírito]. **Rumos libertadores**. 1. ed. Salvador: Editora LEAL, 1978, p. 149-151 (nota do organizador).

Clãs espirituais se comprometem, antes da reencarnação, à tarefa em que devem mourejar em benefício do crescimento moral e da própria ascensão.

A programática se desdobra esquematizada, e o amor constitui o traço de união, o alicerce de segurança e a porta de serviço...

Grupos afins, que se extraviaram e compreendem a necessidade de libertação como de soerguimento, programam labores, na Terra, que executam em clima de harmonia e abnegação, desdobrando esforços em benefício geral.

Espíritos forjados para as realizações enobrecedoras mergulham nas densas vibrações do corpo físico, apoiados por cooperadores afeiçoados, convocados pelo Senhor da Vinha para dar cumprimento às Suas determinações.

*

Quando a obra é do bem, o trabalhador não ignora estar na sua realização, em trânsito.

Se tenta apropriar-se dela por leviandade ou presunção, passa e perturba o trabalho, quando este não morre com o seu pressuposto dono...

Quando, porém, faz o melhor e se entrega às mãos do Obreiro Infatigável, realiza o que pode, confiando na bênção do tempo, certificado de que o não logrado agora o convidará a volver para concluí-lo mais tarde.

Se, todavia, no ministério abraçado se sente com pouca cooperação, é porque esta lhe deve constituir o processo de autoburilamento e de sacrifício que lhe diz respeito.

*

Não te amargures porque não te vejas envolvido por mãos e corações amigos pelejando contigo.

Aos espíritas

Coletânea de mensagens sobre a unificação, o Movimento Espírita e os espíritas

Agradece ao Senhor a presença dos colaboradores que te auxiliam a conduzir a luz do amor e o pão da caridade entre as sombras da necessidade e da aflição.

Em qualquer circunstância, porém, sê coerente com o próprio trabalho, compreendendo que ninguém tem o dever de ajudar-te, embora te encontres comprometido para auxiliar a todos.

Se te conduzires ativo e paciente, perseverando no bem, será formado um grupo de trabalho ao teu lado; todavia, se tal não ocorrer, é porque deve ser assim mesmo. Jesus Cristo, porém, sem dúvida nunca te deixará a sós, sendo a tua força e equipe eficiente.

Joanna de Ângelis

32

DONDE VENS?[39]

Nos dias graves das perseguições aos cristãos, conta uma velha tradição que os discípulos e amigos de Pedro sugeriram-lhe que abandonasse Roma, a fim de ter a vida poupada e melhor continuar como testemunha do Evangelho, amigo pessoal que fora de Jesus.

A princípio, o velho pescador relutou contra a ideia. Todavia, acompanhando o <u>recrudescimento</u> da impiedade de Nero contra os seguidores do Cristo e a diminuição deles, achou que seria uma atitude de prudência a sua partida.

Despediu-se dos amigos e, na madrugada seguinte, procurou a estrada que o levaria para longe da cidade.

Não se afastara muito quando o Sol começou a romper a <u>bruma</u>, colorindo e iluminando o dia.

Subitamente, caminhando em sentido contrário ao seu, o apóstolo <u>divisou</u> o Mestre, que se aproximava.

Surpreso, parou, ansiando pelo afetuoso abraço do Amigo, que, parecendo não o ver, seguiu adiante.

---

39. ÂNGELIS, Joanna de [espírito]. *Donde vens?*. In: FRANCO, Divaldo Pereira [por diversos Espíritos]. **Seara do bem**. 1. ed. Salvador: Editora LEAL, 1984, p. 126-128 (nota do organizador).

Não sopitando o desencanto, o companheiro angustiado voltou-se e inquiriu:

– Para onde ides, Senhor?

A resposta foi imediata e significativa:

– Vou a Roma, Pedro, morrer com os meus discípulos.

Narra a bela tradição que o apóstolo, comovido e consciente do sacrifício, retornou à cidade, prosseguindo no ministério com devotamento total até a imolação libertadora.

*

A fidelidade a um ideal exige o sacrifício do idealista.

Reconhece-se a excelência de um ideal pelas reações que provoca e pela firmeza tranquila de quem o apresenta.

A consciência da imortalidade arma o indivíduo com resistências para suportar e vencer as vicissitudes, reagindo através da integral vivência dos postulados que abraça.

Especificamente, o ideal cristão se expressa através dos valores nobres que exornam quem o vivencia.

Vive no mundo, mas não pertence ao mundo.

Usa os recursos do mundo, sem a eles escravizar-se.

Sofre os impositivos da evolução, não afligindo ninguém.

Compreende os erros do próximo, no entanto, esmera-se para refletir a conduta mais correta.

Resgata débitos, evitando tombar em novas dívidas.

Quando insultado, desculpa; se agredido, perdoa; sob perseguição, permanece com integridade.

Não se despersonaliza, identificando-se como alguém que teme e se submete a tudo.

Pelo contrário, é um homem definido, resistente, que sabe o que quer e como consegui-lo, programando-se para o tentame final.

Aos espíritas

Coletânea de mensagens sobre a unificação, o Movimento Espírita e os espíritas

*

Ante a incoerência de atitude e a debandada do dever a que se entregam muitos discípulos modernos do Evangelho, permanece tu doando-te e confiando.

Fazendo-se necessários maiores sacrifícios, doa-te mais, e mais confia, de modo que, num certo amanhecer da tua vida, possas encontrar o Mestre, que te indagará:

— Donde vens, meu filho?

E possas responder, em júbilo:

— Do mundo, Senhor, onde dei a vida com os Teus discípulos por amor de Ti.

Joanna de Ângelis
Roma, Itália, 15 de novembro de 1983.

33

CARTA AOS COMPANHEIROS[40]

Fora da caridade não há salvação.

ALLAN KARDEC

Compreensível e mesmo aceitável que valorosos companheiros de lides espiritistas, influenciados pelas conquistas da Ciência e da tecnologia modernas, pensem em transferir, para imediata aplicação nos arraiais do Movimento Espírita, os melhores recursos, bem como a metodologia mais atuante, objetivando resultados felizes, que respondam por uma coerente divulgação e vivência da Doutrina. Nenhuma restrição nos parece passível de oposição a cometimento tão valioso, desde que não exorbite dos justos limites do bom senso.

O Espiritismo permite ser favorecido, na sua atuação, com as conquistas feitas através dos tempos, em considerando as aberturas que faculta aos estudiosos dos diversos ramos do conhecimento humano.

---

40. Página psicografada em 20 de novembro de 1978 no Centro Espírita Caminho da Redenção, em Salvador, Bahia (nota do organizador).

Um certo excesso de entusiasmo, porém, vem tomando corpo entre respeitáveis trabalhadores da Doutrina Espírita a favor da adaptação do Movimento a correntes da Informática, num apressar de colocações nem sempre felizes.

Excedem-se no uso de técnicas sofisticadas de administração e de ensino; organizam-se quadros de tarefas, inspirados em grandes realizações; traçam-se diretrizes de segurança para os serviços; discute-se quanto à validade ou não dos labores assistenciais; consultam-se especialistas, que opinam e determinam, dando-se, porém, exagerado valor a organogramas e gráficos, estatísticas e mapas, em detrimento do caráter cristão da Doutrina, que não pode ser perdido de vista ou posto à margem como de natureza secundária em nosso ministério.

O Espiritismo revive o Cristianismo na sua pureza primitiva, em "espírito e verdade".

Nenhum pieguismo deflui deste postulado, nem receio algum há quanto ao aproveitamento das atribuladas conquistas tecnológicas.

Indispensável, no entanto, tornar o indivíduo espírita antes de outro qualquer tentame, ou seja, mais do que mero conhecedor dos postulados doutrinários, a fim de poder contribuir com seu conhecimento técnico em favor de uma aplicação realmente valiosa.

O excesso e o rigorismo em matéria de organização podem matar a alma do ideal, formando um corpo frio, inexpressivo, que, embora dotado de muita boa apresentação, candidata-se apenas a um movimento competitivo a mais, disputando com os demais ainda vigentes e já falidos, a cujo idêntico risco também se expõe.

Aos espíritas
Coletânea de mensagens sobre a unificação, o Movimento Espírita e os espíritas

Não adotamos a posição de manter-se um Movimento Espírita estanque, a viver as conquistas do passado, <u>infenso</u> aos empreendimentos modernos.

Todavia, os cúmulos de organização e zelo são tão perniciosos quanto a ausência deles.

Discute-se qual a obra mais importante e que merece maior atenção e urgência, olvidando-se os que debatem a palpitante questão da reforma íntima, intransferível, no indivíduo, essencial dever esse que não pode ser considerado como <u>passadismo</u>...

Creem alguns que a palavra *caridade* está intrinsecamente comprometida e, precipitados, propõem terminologia nova, consentânea, afirmam, com a cultura contemporânea.

Atribui-se ao labor de amparo aos necessitados – seja na assistência imediata, seja no serviço social de profundidade – uma validade discutível, afirmando-se a urgência da divulgação doutrinária como exclusiva meta essencial...

Não estranhemos que a <u>empáfia</u>, em breve, <u>proscreva</u> também o caráter essencialmente cristão do Espiritismo, mediante concessões outras absurdas e conexões extravagantes com outras doutrinas, a soldo da insensatez.

O compromisso de divulgar o Espiritismo é de emergência e relevância, nunca, todavia, em prejuízo da ação da caridade.

Não foi outro o fenômeno acontecido com o pensamento cristão, ao assimilar as técnicas pagãs e o culto externo do politeísmo, no passado, fazendo causa comum com as exterioridades.

Cuidar de estabelecer programas de trabalho e pugnar por um comportamento disciplinado nas tarefas, sem as improvisações perniciosas, é dever de todos. Extrapolar este objetivo para a implantação de regras e imposições de decisões personalistas, mediante o perigoso predomínio de um grupo dominador, culturalmente mais bem dotado, quiçá sem qualquer vivência doutrinária, que se erige em hierarquia de destaque, convém ser evitado antes que se agravem as circunstâncias e que a cizânia divida lamentavelmente os trabalhadores e as entidades na gleba da Doutrina libertadora.

Há lugares para todos trabalharem; não, porém, como pretensos chefes, hierarquizados perigosamente, com uma deplorável atrofia dos valores legítimos interiores e uma inconsequente supervalorização dos títulos e conquistas mundanos...

A "realeza" é sempre espiritual. A superioridade, em nossos labores, é de qualidade moral, merecendo respeito todos os esforços que visem à meta sempre ingente: melhorar o homem e a comunidade humana, guiando-os para Jesus.

*

Não sejam esquecidas as origens evangélicas, nem desdenhados os humildes, os sofredores, os "filhos do Calvário", o nobre ministério do intercâmbio mediúnico, a utilização das terapias hauridas na vivência da mensagem espírita.

Há excesso de teorias engenhosas, sem dúvida, como de teóricos de alto coturno intelectual, enquanto escasseiam os operários da ação e se multiplicam a necessidades em toda parte...

Espíritas! Vigiemos, a fim de que mentes hábeis e arguciosas da Espiritualidade negativa, na urdidura e manobra de planos defraudadores da realidade do Evangelho, não nos alcancem, relegando-nos à sombra perturbadora da vaidade, quanto da ambição injustificável, em nossas fileiras.

Oremos juntos, meditando nas nossas responsabilidades, oferecendo o melhor ao nosso alcance, sem jactância, não olvidando que o "maior" é sempre aquele que, conforme afirmou Jesus, é "o servo" do seu irmão menor.

José Petitinga e Vianna de Carvalho

34

SOCIOLOGIA ESPÍRITA[41]

A sociedade hodierna alcança o limiar do terceiro milênio atravessando o crepúsculo do século XX, que apaga as suas luzes sem haver alcançado a legitimação dos postulados nobres da Revolução Francesa de 1789.

A aspiração de liberdade conseguiu arrebentar as algemas da Casa de Bourbon e prossegue ensaiando passos audaciosos em muitas nações da Terra, onde ainda é respeitada, enquanto as grandiosas aspirações da fraternidade e da igualdade nem sequer conseguiram sensibilizar o pensamento histórico.

A mesma revolução, não obstante os relevantes objetivos dos direitos humanos, resvalou para a dominação da burguesia e dos patrões em detrimento do proletariado e dos camponeses, que permaneceram escravos das suas maquinações e habilidades político-econômicas, sem fruir as alegrias da dignidade humana.

---

41. AMORIM, Deolindo [Espírito]. *Sociologia espírita*. In: FRANCO, Divaldo Pereira [por diversos Espíritos]. **Luzes do alvorecer**. 1. ed. Salvador: Editora LEAL, 2001, p. 187-191 (nota do organizador).

Em 1830, Augusto Comte criou o neologismo "sociologia" e aspirou a que essa doutrina, já conhecida por Platão como responsável pela construção da humanidade harmônica, contribuísse filosoficamente para que os indivíduos e a sociedade em geral pudessem viver em clima de respeito mútuo e de dignificação elevada.

Com as propostas de Engels e Marx, surgiu o socialismo, como doutrina político-econômica, para minimizar os problemas da fome e da miséria, através de mecanismos nobres capazes de libertar as massas e o próprio ser humano como individualidade credora de respeito e profunda consideração.

Apesar dos esforços e da sua proposição se materializar no comunismo após a Revolução Russa de 1917, houve o surgimento da futura União das Repúblicas Socialistas Soviéticas, ora decadente e de triste memória.

Divorciando-se, porém, dos ideais de Marx e de Lênin, o estalinismo gerou o período da tragédia com as mortes e exílios em massa na Sibéria, fazendo que para o seu povo malograssem os ideiais da liberdade humana.

... E o tempo fez que se esboroasse o Império Moscovita, desvelando que, mesmo lá, o homem permanecia escravo de outros homens, porque a decadência do pensamento filosófico permitiu que novas e privilegiadas classes ascendessem ao poder pela força, mantendo em submissão os <u>mujiques</u> e o proletariado em situação abominável, como <u>réprobos</u> da arbitrariedade dos dominadores temporários.

Inúmeras tentativas igualmente têm sido realizadas para que se possa apresentar uma sociedade realmente cristã, com valiosos recursos para suplantar aquela de fundamentação materialista, conforme as propostas de Hegel por um lado, de Herbert Spencer por outro, dando nascimento aos partidos políticos não menos cruéis do que aqueles que combatiam.

Foi o Dr. Paul Tillich, o eminente teólogo protestante, quem melhor ofereceu contributos para uma sociologia compatível com o pensamento de Jesus. No entanto, a própria limitação doutrinária do evangelismo estabelecido por Lutero e pelos seus seguidores tornou-se um impedimento para equacionar o grande problema das diferenças sociais e econômicas, morais e culturais, emocionais e psíquicas, por faltar-lhe o suporte seguro da reencarnação.

Sem a vigência clara e lúcida dessa lei natural, já que a reencarnação é proposta da Vida, qualquer tentativa de estabelecer-se programas para a igualdade e a legítima fraternidade torna-se <u>inexequível</u>.

Com Allan Kardec, porém, através da sua discussão filosófica sobre a Lei de Causa e Efeito, modificam-se as estruturas do pensamento e ressumam do silêncio da História as mensagens grandiosas da ética e da moral trazendo Jesus de volta, a fim de que os Seus enunciados e vivências abandonem as masmorras medievais e os dogmas ultramontanos a que foram jungidos, para que brilhem à luz da Ciência contemporânea, explicando em profundidade a realidade do ser, a sua anterioridade ao berço, o seu futuro e as extraordinárias possibilidades que lhe estão ao alcance.

Não serão as leis desumanas, impostas por governos injustos, que modificarão a estrutura espiritual e comportamental do ser terrestre. Mas, essencialmente, a sua transformação interior, a grandiosa renovação moral que é fundamental para a construção do indivíduo integral.

Essa tarefa cabe ao Espiritismo, conforme exarado na Codificação Kardequiana, estimulando o homem e a mulher à autoidentificação dos valores adormecidos – Deus em nós –, iluminado-se e libertando-se das paixões primárias que neles permanecem como força atávica resistente.

A educação espírita, desde os primórdios da vida infantil, conduzindo o aprendiz à valorização da imortalidade vigente em todos os seres, conseguirá esse desiderato, de modo que cada um possa desenvolver as aptidões em germe, integrando-se no concerto da sociedade em marcha para a harmonia geral.

Identificando todos os seres como irmãos, a fraternidade se torna factível e de imediata concretização, ao mesmo tempo que a igualdade de direitos e de deveres gerará um comportamento social compatível com o legítimo pensamento de Jesus estabelecido no amor.

Aos espíritas cabe a tarefa de desvelar o Espiritismo para todos os indivíduos, por todos os meios ao alcance – e especialmente pelo mundo –, envidando todos os esforços para desmistificar a Verdade, que se encontra algemada a interesses subalternos ou obscurecida por paixões de partidos, de grupos e de greis políticos, religiosos e sociais, apresentando-a límpida e luminosa, para propiciar aos seres humanos a verdadeira libertação.

... Por isso saudamos, na quadragésima sexta Semana Espírita de Vitória da Conquista, a materialização dos princípios praticados pela sociologia espírita, preparando a Humanidade para o amanhecer do novo milênio, no qual a justiça equânime, os direitos humanos e a igualdade acima de quaisquer preconceitos vicejarão como triunfo do pensamento de Jesus sobre todos os impedimentos e obstáculos engendrados e mantidos pelo egoísmo individual e coletivo.

Com o Evangelho, portanto, desvelado por Kardec, iniciemos a obra de restauração do amor e edifiquemos o homem e a sociedade felizes que todos anelamos.

Deolindo Amorim

(Mensagem psicografada na noite de 10 de setembro de 1999, durante a solenidade doutrinária da 46ª Semana Espírita, em Vitória da Conquista, Bahia.)

35

TAREFAS ESPÍRITAS[42]

675. Por trabalho só se devem entender as ocupações materiais?

"Não; o Espírito trabalha, assim como o corpo. Toda ocupação útil é trabalho."

O LIVRO DOS ESPÍRITOS – CAPÍTULO III, PARTE TERCEIRA.

DECÁLOGO DA PREGAÇÃO

I. A serviço da palavra espírita, seja simples e claro. Linguagem agradável e acessível é sempre expressão de segurança.

II. Exponha com brevidade e precisão. Os conceitos elevados dispensam comentários demorados e cansativos.

III. Apresente o assunto de maneira compreensível e lógica. A mensagem espírita é simples e racional.

IV. Peça a inspiração divina e confie nela; no entanto, não se esqueça de esquematizar o tema e estudá-lo. O improviso atesta capacidade, quando bem sucedido. Todavia, quase sempre expressa negligência no culto do dever.

V. Confie na técnica expositiva, mas não se olvide de renovar suas ideias e conceitos, através de estudo constante e bem conduzido. Expressões muito repetidas entediam e perdem a significação.

---

42. FRANCO, Divaldo Pereira; PRISCO, Marco [Espírito]. **Legado kardequiano**. 1. ed. Salvador: Editora LEAL, 1966, p. 75-79 (nota do organizador).

VI. Valorize a linguagem escorreita, porém não descuide a correção da vida moral. O mais nobre ensinamento, ditado por um mau-caráter, perde o valor.

VII. Procure atingir o coração e a mente do povo. A Doutrina Espírita é o maior repositório de bênçãos que o mundo conhece depois do Cristianismo.

VIII. Respeite o horário. Abusar do tempo alheio é atentar contra os direitos do próximo.

IX. Evite ferir as convicções religiosas dos outros. Seu objetivo deve ser: iluminar sempre.

X. Use a tolerância, guardando sempre a ponderação como conselheira constante. Elas lhe apontarão o roteiro da humildade, que o fará respeitado pelo que produza, e não pelo que apregoe.

Dez itens da assistência social

I. Faça o bem, mas não guarde a pretensão de solucionar os problemas de todos os que o buscam.

II. Realize o que lhe seja possível sem, contudo, exigir que os outros o imitem.

III. Execute, agora, o trabalho que o bem lhe apresenta, enquanto a oportunidade é propícia. *Amanhã* é uma realidade que talvez não sorria para você.

IV. Ajude sempre, através do pão ou do leite, do agasalho ou do medicamento, do domicílio ou da consolação. Não pare, porém, para averiguar os resultados do seu auxílio.

V. Aplique o passe curador ou ofereça a água fluidificada aos enfermos do caminho. Não se detenha, todavia, esperando o êxito do serviço.

VI. Pratique a caridade no seu mais alto grau, esclarecendo o aflito e o concitando à renovação e à coragem. Não espere, porém, que a luz realize o seu abençoado mister.

VII. Ajude a escola e o hospital, a creche e o lar, o asilo e o manicômio. Não olvide, entretanto, a sementeira do Evangelho, oferecendo o pão que mata a fome do espírito para sempre.

VIII. Não se desequilibre quando lhe faltam os recursos materiais para o auxílio. A prece em favor de alguém é um patrimônio de luz ao alcance de todos.

IX. Evite a irritação nos serviços da assistência aos menos favorecidos. Quem ajuda com alegria faz sempre o melhor.

X. Sempre que possível, acenda a luz da esperança nos corações que o buscam. O pão hoje doado amanhã se acaba. No entanto, a palavra do Senhor que se distende é semente de vida eterna.

*

Pregar e servir.

Ensinar e atender.

Doutrinar e ajudar.

Todas as tarefas que objetivam distender o Reino de Deus entre os homens são valiosas e expressivas normativas de trabalho para o Espírito. Todavia, não deixe de trabalhar em você mesmo, lutando cada instante pela transformação íntima do seu Espírito, sem o que pouco adiantará o esforço de corrigir os outros, ajudar os outros e ensinar os outros.

Ensinou Jesus: – "Brilhe a vossa luz" entre as trevas do mundo.

Abra a alma à luz divina e, abençoado por ela, ilumine as veredas por onde seguem os atormentados dos caminhos, sabendo que "toda ocupação útil é trabalho"...

Marco Prisco

36

TERAPÊUTICAS EVANGÉLICAS[43]

... A fim de que o que semeia e o que ceifa, juntamente se regozijem.

JOÃO, 4:36.

Examine a problemática de quem sofre antes de emitir opinião.

Não fale apenas por falar. Por trás de cada problema, há sutilezas que escapam ao observador superficial.

*

Ausculte a dificuldade do amigo, antes de exteriorizar o que você pensa.

Não arrole palavras sem conhecer a situação.

Qualquer conceito, assim precipitado, funciona mal.

*

Inspire confiança antes de qualquer cometimento verbal.

Não se agite.

Palavras, e somente palavras, não infundem a necessária paz.

---

43. FRANCO, Divaldo Pereira; PRISCO, Marco [Espírito]. **Momentos de decisão**. 1. ed. Salvador: Editora LEAL, 1977, p. 43-45 (nota do organizador).

*

Considere a questão do sofredor sob o ponto de vista dele.

Não aconselhe pelo simples fato de haver-se proposto a essa tarefa.

O conselho que você doa possui validade se encontrar receptividade no ouvinte.

*

Penetre-se de fraternal interesse ante os fatores aflitivos que lhe apresenta o consulente.

Não lhe diga de imediato o que pensa.

Sugira o que ele deve fazer, como se fora ele próprio quem se está induzindo à ação.

*

Saiba ouvir primeiro, porquanto a criatura, encarnada ou não, dificilmente consegue dizer o que pretende, com necessária exatidão.

Não exponha ideias sucessivas, sem as indispensáveis reflexões que ajudem o ouvinte a fixá-las.

A arte de ouvir é muito importante para quem pretende ajudar.

As terapêuticas evangélicas são sempre trabalhadas no sentimento de quem as aplica.

As técnicas ajudam. A legitimidade da unção de quem coopera lobriga êxito.

A metodologia guia. A atividade honesta junto ao necessitado atinge a finalidade de conduzi-lo corretamente.

Os recursos de que você pode dispor quando pretende ajudar, aplicando a terapia do Evangelho, dependem, sobretudo, da sua exteriorização íntima, em forma de amor, interesse e caridade, legitimamente lavrados em seu esforço pessoal pelo próprio burilamento.

Não se transforme, portanto, no homem que só ensina pela palavra. Seja o cristão que <u>prodigaliza</u> lições pelo exemplo.

Marco Prisco

37

PROBLEMAS E DOUTRINA ESPÍRITA[44]

Com a crescente e vigorosa divulgação do Espiritismo sob as bênçãos generosas de Jesus, vulgarizam-se também falsos conceitos que encontram *ouvidos* descuidados, dispostos a recolher informações sem fundamento, dando guarida a esperanças falsas que a realidade se encarregará de retificar.

Nesse particular, a lição do tempo é sempre valiosa contribuição para o despertamento das consciências que se demoram adormecidas, longe do esforço útil e da combatividade ativa.

Nem todos que se deixam arrastar por entusiasmos sem fundamento e se empolgam por <u>quimeras</u> enganosas conseguem, embora a experiência dos fatos, recolher o material de responsabilidade e o <u>tirocínio</u> que se fazem imprescindíveis para uma existência segura no corpo, a coroar-se de paz e felicidade pelos caminhos da evolução.

---

44. FIGUEIREDO, Arthur de Souza [Espírito]. *Problemas e Doutrina Espírita*. In: FRANCO, Divaldo Pereira [por diversos Espíritos]; PEREIRA, Nilson de Souza (org.). **Depoimentos vivos**. 1. ed. Salvador: Editora LEAL, 1976, p. 97-99 (nota do organizador).

Acomodados a princípios equívocos, de religiosos enganados e de religiões enganadoras, chegam ao porto espiritista acalentando anseios impossíveis e manipulando pensamentos interesseiros que ofereçam meios capazes de transferir os problemas que lhes dizem respeito aos Espíritos bondosos, encarregados pelo Senhor da sementeira da luz no orbe angustiado, onde se demoram por imperiosa necessidade evolutiva...

... E aguardam drágeas em boa embalagem para todas as síndromes orgânicas, mediante ligeiro apelo em precipitada e inexpressiva oração; pílulas coloridas para corrigir o humor, libertando o aparelho endócrino dos miasmas mentais de há muito acumulados em anos a fio de desrespeito à maquinaria somática; xaropes de esperança para o sucesso fácil na vida de relações humanas; filtros modernos para o amor fagueiro e alígero; vapores aromatizados para expulsão dos gênios maléficos, que outros não são senão os amores ludibriados na retaguarda; unguentos miraculosos da aplicação rápida sobre telas da memória, com ação balsamizante e entorpecedora, produzindo olvido aos erros e leviandades; loções suaves que provoquem simpatias em redor, gerando alegria e cordialidade...

Gostariam de encontrar respostas para as indagações que lhes competem atender; opiniões exatas para empreendimentos monetários; revelações especiais e transcendentes sobre o futuro; facilidades, enfim, cujo direito a si se arrogam dentro de um roteiro de leviandades que primam pela infância do raciocínio e incoerência do pensamento...

Como nada conseguem em programas de tal jaez, debandam, revoltados, resmungando termos desconexos, decepcionados, dizem, com o Espiritismo e sua Doutrina.

Aos espíritas

Coletânea de mensagens sobre a unificação, o Movimento Espírita e os espíritas

Na verdade, são almas doentes que poderiam encontrar a paz interior, recuperando a saúde mental e física em decorrência das próprias atitudes renovadas à luz meridiana da fé e sob as bênçãos significativas do trabalho.

Sabemos, graças às modernas conquistas das ciências psicológicas, que as enfermidades se originam na psique em desalinho, e, desde o século passado, o Espiritismo vem demonstrando, pela experimentação, que todas as enfermidades procedem do Espírito endividado, que busca recuperar o patrimônio <u>malbaratado</u> antes.

Endopatias, gastralgias, psiconeurose, nevralgias, problemas epilépticos, alergias, baciloses, rinites, sexopatias, cefaleias, hipocondrias são reflexos do metabolismo inarmonizado graças às disfunções dos centros vitais ou de força, no perispírito, encarregado de plasmar no <u>soma</u> as necessidades evolutivas do Espírito encarnado, felicitado pelo ensejo de resgatar e ascender...

Em razão disso, antes de qualquer solução *milagreira*, é imperioso um processo de renovação mental-espiritual de dentro para fora, através da oração, do estudo e da meditação, para transformar todo débito em valor significativo de autolibertação, mediante esforço disciplinante, salutar e contínuo, em cujo labor se fixam novas diretivas capazes de apressar o retorno da saúde e, consequentemente, da paz...

Sábios como são, os mensageiros espirituais recomendam que, nos pedidos das modernas orientações espirituais, seja utilizada a água magnetizada ou fluidificada como veículo medicamentoso pelo qual energias vitais da mãe Natureza podem beneficiar, quando, em oração, o apelante ergue o pensamento às abundantes nascentes da Espiritualidade.

A hidroterapia, usada desde a Antiguidade Oriental e hoje aplicada com perfeita acolhida acadêmica, pode facultar, a quem se imanta ao pensamento divino, recursos magnéticos de alta significação.

Cultivemos, desse modo, a prece e o estudo, a meditação e o passe, a água fluidificada e a renovação íntima, marchando para Jesus, sem esquecermos o preceito do codificador: "Fora da caridade não há salvação". Caridade para com o próximo, sim, que seja também iluminação de nós mesmos com vistas à nossa libertação do círculo das reencarnações inferiores pela incidência nos velhos equívocos que, há milênios, prendem-nos aos elos da aflição e da enfermidade, dos problemas impiedosos e ultores.

Arthur de Souza Figueiredo

38

TESTE TRÍPLICE[45]

Era um conciliábulo contra os lidadores da verdade. Estabeleciam-se as diretrizes do ataque aos corações afeiçoados à lavoura do bem. Cogitava-se maciça agressão às frágeis criaturas que, fascinadas pela verdade, estavam rompendo as ligações com o passado culposo, ansiando pela liberdade da paz.

Debatidos os antigos métodos de ação eficaz utilizados em outros tentames, verdugo experiente das regiões tenebrosas alvitrou:

– *Esses cristãos ora em atuação na Terra são homens e mulheres comuns?*

Responderam os demais circunstantes afirmativamente.

– *Então não há problemas* – arrematou. – *Não conheço quem seja capaz de resistir ao teste tríplice: vaidade, dinheiro e sexo.*

---

45. IGNOTUS [Espírito]. *Teste tríplice*. In: FRANCO, Divaldo Pereira [por diversos Espíritos]. **Sementeira da fraternidade**. 1. ed. Salvador: USEB, 1972, p. 66-67 (nota do organizador).

Houve uma pausa de expectação.

Dando ênfase definitiva e finalista, <u>arengou</u>:

– *<u>Incensar-lhes-emos</u> a vaidade, acenando-lhes qualidades que não possuem, e o orgulho se encarregará deles, fazendo grassem a dissensão e o despeito, a arrogância e a maledicência. Não há homem ou mulher que aguente. Mas se tal método não obtiver o resultado desejado, estimularemos a ganância do dinheiro. Falaremos por inspiração quanto à necessidade de ganhar mais, acautelar-se em relação ao futuro, comparar-se a outros, transferir tarefas, conseguindo um emprego ou trabalho novo adicional, para desviá-los da ação espiritual a que se afervoram... E se falhar, teremos o sexo, agora na moda. Sugerir-lhes-emos sobre as vantagens da renovação sexual, atualização dos padrões morais, inutilidade dos sacrifícios espirituais e as imensas concessões da vida moderna, no amor livre... Quem suportará?*

<u>Ovação</u> geral concordou com o <u>sequaz</u> das sombras, e grupos especiais em hipnose sexualista partiram em direção aos novos trabalhadores do Cristo na Terra.

*

Espírita, meu irmão!

A serviço de Jesus, acautela-te do "teste tríplice", vinculando-te em definitivo à conduta do Mestre. Vigia as nascentes do pensamento para que as inspirações anestesiantes não te permitam os sonhos da mentira que te deixarão nos pesadelos da loucura.

Avança no serviço redentor e serve, serve mais, para a própria felicidade.

Ignotus

39

O CONGRESSO...[46]

Os trabalhadores espíritas, que se reuniam num pequeno e excelente grupo de estudos, esforçavam-se por preparar o ambiente, na cidade grande e tradicional, para a conferência.

Anúncios nos jornais e nas rádios, convites pessoais por escrito e verbais foram espalhados.

Mantinham-se eufóricos porque, pela primeira vez, seria realizada uma atividade da Doutrina Espírita gratuitamente, em toda aquela região... E não ocultavam o fato, anunciando-o prazerosamente.

Aguardavam uma multidão, desde que havia muito interesse pelos fenômenos parapsicológicos e mediúnicos, tema central da palestra.

O orador convidado vinha de longe, aguardado com carinho e curiosidade, em face do seu *curriculum vitae* que

---

46. IGNOTUS [Espírito]. *O congresso*. In: FRANCO, Divaldo Pereira [por diversos Espíritos]. **Seara do bem**. 1. ed. Salvador: Editora LEAL, 1984, p. 92-94 (nota do organizador).

189

denunciava uma vida de trabalho contínuo, _estafante_, dedicado à Causa.

À hora estabelecida, porém, a presença do público era reduzida.

Os lutadores do bem não ocultavam o desconcerto íntimo, a crua decepção.

O expositor, após o tema proposto, considerou a tarefa dos pioneiros cristãos e espíritas ante o mundo das pessoas distraídas, desinteressadas. Animou a todos, enriqueceu os comentários com fatos retirados do estoicismo evangélico, mudou a paisagem emocional dos companheiros.

Posteriormente, o diretor do grupo encontrou um amigo que prometera comparecer, mas se abstivera de fazê-lo.

Embora sem ser indagado, procurou justificar a ausência, explicando:

— Fui a um congresso de vidência, em que os médiuns se disputavam melhor atuação. É verdade que nenhum deles me convenceu... Mas como o anúncio descrevia-os com entusiasmo e a entrada para a sessão custava um bom preço, com possibilidade de manter-se entrevista particular com qualquer um, de acordo com uma tabela que discriminava as importâncias, compreendi que se tratava de uma coisa boa, desde que era paga e cara. Como as coisas de graça não atraem, optei pela outra, razão por que não fui à conferência, como ocorreu com outros amigos que encontrei no congresso...

*

Enquanto houver quem goste de ser explorado, haverá quem os _espolie_.

Porque o engodo agrada mais a futilidade, a lição da verdade que propõe o bem demorará a ser aceita.

Aqueles, porém, que abdicam da razão para se conduzir na vida e se recusam ao conhecimento não fugirão dele, graças à dor que a ninguém poupa, conduzindo o homem, hoje ou mais tarde, ao caminho da própria redenção.

Ignotus
Tours, França, 5 de novembro de 1983.

40

CONFISSÃO-APELO[47]

Meus irmãos:
Que Jesus nos preserve de nós mesmos!
Venho fazer uma confissão, que também é um apelo.

Espiritista militante, exerci na Terra a relevante tarefa de direção de uma Casa Espírita.

Conhecido, exclusivamente, pelo exterior, granjeei respeito, tornei-me objeto de admiração, logrei amizades, que se tornaram duradouras quão valiosas.

Guindado ao ministério do auxílio fraternal, <u>desobriguei-me</u>, a ingentes esforços, do labor que abraçava espontaneamente.

À medida que o tempo acumulava horas, o entusiasmo inicial deixou-me sucumbir sob a rotina causticante e desagradável, fazendo que a tarefa se tornasse pesada <u>canga</u>, que a custo conseguia carregar. No entanto, multiplicavam-se as

---

47. MARCOS, Arthur. *Confissão-apelo*. In: FRANCO, Divaldo Pereira [por diversos Espíritos]; PEREIRA, Nilson de Souza (org.). **Depoimentos vivos**. 1. ed. Salvador: Editora LEAL, 1976, p. 59-63 (nota do organizador).

louvaminhas, os exórdios ao personalismo doentio, as suges-
tões maléficas em forma de convites vaidosos e laureantes,
e, a pouco e pouco, fui transformando a Casa, que deveria
permanecer como suave refúgio dos sofredores e humilde tabernáculo de orações, em reduto de ociosidade e parasitismo
inúteis, entremeados da risota faciosa e da frivolidade que,
paulatinamente, alastrou-se inevitável.

As aparências, porém, continuavam a manter o bom-
-tom, enquanto as exigências íntimas se transformaram,
inesperadamente, em algozes impiedosos, fazendo-me ver o
que me comprazia em detrimento do que deveria.

O auxílio que uns e outros nos ministravam, longe
de receber o reconhecimento da minha emotividade, que
se tornou soberba, era agasalhado com indiferença, senão
com crítica e mordacidade, como se os outros se houvessem
incumbido de ajudar-me, e não eu houvesse elegido a honra
de cooperar indistinta, indiscriminadamente.

A vaidade, esse vírus de que poucos se dão conta, ou
de que alguns, ao se aperceberem, já estão dolorosamente
infetados, encarregou-se de desferir-me o golpe fatal.

A presença das pessoas de conduta duvidosa, ignoran-
tes e sofredoras passou a constituir-me insuportável peso.

Os apelos da miséria, que um dia eu pretendera dimi-
nuir, tornaram-se expressões de disfarce e de cinismo, que
não poucas vezes atirava na face dos corações lanhados pela
dor e dos Espíritos humilhados pela necessidade.

As exterioridades, todavia, continuavam a ser manti-
das em traje a rigor.

Os elogios perniciosos se encarregaram de completar
o quadro do meu equívoco infeliz, e, sem dar-me conta, fui
arrebatado pela desencarnação, deixando um rio de lágrimas

Aos espíritas

Coletânea de mensagens sobre a unificação, o Movimento Espírita e os espíritas

nas pessoas gratas, que se compraziam na minha conversação fluente e nas minhas excentricidades, que passaram a constituir moda, enquanto eu mergulhava na imensa realidade do despertar da vida no Além-túmulo...

Várias homenagens foram programadas entre os que permaneceram na carne, em minha memória. O meu nome foi colocado no <u>frontispício</u> do santuário, que deveria ostentar as expressões simples e invencíveis da caridade.

Antigo retrato foi ocupar um lugar de honra numa sala vazia, inútil, e, em breve, o culto à memória do companheiro desencarnado começou soez, deturpando a limpidez das pregações sobre a Doutrina Consoladora enquanto me perturbava o Espírito atribulado.

Sucederam-se as surpresas para mim. A morte, infelizmente, não me santificou. Acordei como era, ou melhor, pior do que era, porque despido das exterioridades mentirosas, dando-me conta de que antigo zelador da Casa a que nem sempre oferecera o necessário trato fora o primeiro amigo a receber-me além da aduana que eu acabava de transpor.

Sorridente, de braços abertos, aureolado de júbilos quanto eu de expressão doentia, entorpecido que estava pelos miasmas da minha loucura, verifiquei que era ele em verdade o benfeitor que me socorria, a mim que nunca lhe oferecera, antes, qualquer assistência fraternal.

A consciência despertou rigorosa, e passei a experimentar o tumulto dos remorsos, dos arrependimentos tardios e das agonias longas que as palavras, só mui dificilmente, conseguem descrever.

Concomitantemente, os hinos de exaltação que me chagavam da Terra eram punhais que me penetravam a alma, que reconhecia não os merecer. As referências <u>laudatórias</u>

espezinhavam-me ante a autocrítica acentuada e os apelos dos humildes, que sinceramente invocavam a minha proteção, laceravam-me, em face do descobrimento da minha inutilidade.

Bati às portas da mediunidade na Casa que me fora berço de luz com sofreguidão e confessei-me, numa noite memorável, diante dos companheiros estarrecidos...

Ao terminar o trabalho, esses tiveram expressão de espanto e de censura à médium, que me filtrara as informações com fidelidade, <u>tachando-a</u> de adversária gratuita do meu êxito, em consequência, <u>avinagrando-lhe</u> a sensibilidade fiel.

Redobrei esforços para aclarar a verdade. Mas quem estava interessado na verdade, se fora eu mesmo quem ali instaurara o modismo da bajulação e o intercâmbio da ociosidade!?

... Quase duas décadas já se foram. O meu nome brilha na lápide de algumas instituições e me invocam em muitos lugares com imerecido carinho, fazendo-me compreender que o castigo do culpado é a consciência da culpa...

Impelido pelo anseio de aclarar equívocos, aqui venho lembrar aos trabalhadores da Seara de Jesus sobre o perigo do culto aos valores e às pessoas que transitam na Terra, envoltos nas exterioridades, que nem sempre sabem honrar.

Não transformem Espíritos familiares, amigos e protetores em guias de ocasião, como santos da vaidade. Busquem o Senhor e os Seus ministros, na certeza de que não se equivocarão, e estejam vigilantes para toda e qualquer exteriorização que signifique culto pernicioso, ameaçador da claridade do nosso Movimento, abrindo hoje regime de exceção na direção do futuro da Causa que abraçamos.

Cuidem, envidem esforços para expungir as inferioridades, antes que as inferioridades lhes imponham os seus rigores em cerco nefando, <u>impingindo-lhes</u> as funestas consequências, que somente a muito custo delas conseguirão libertar-se.

E quando a tentação do êxito, do brilho imediato começar a ofuscar a clareza da simplicidade das suas vidas, complicando os labores, ou lhes impuser a distância da convivência com os infelizes – nossos irmãos, infelizes que somos quase todos nós –, muito cuidado!

Tenham muito cuidado, sim, porque pior do que a desencarnação é a morte da ilusão que se cultiva, encarregando-se de destruir os ideais dentro de cada uma, asfixiando o seminário de plantas divinas, que todos prometemos cuidar, no pomar do Espírito, que jaz, então, atormentado e desditoso...

Concluindo, repito, emocionado: que Deus nos abençoe e nos resguarde de nós próprios!

Artur Marcos[48]

---

48. Identidade suprimida por motivos óbvios (nota do organizador da obra original [**Depoimentos vivos**]).

41

A GRANDE USINA[49]

I rmãos da crença vivificadora:
Louvado seja Nosso Senhor Jesus Cristo!
Na minha última peregrinação pela Terra, fui aqui-
nhoada com as faculdades mediúnicas para o abençoado
labor da caridade.

Chamada ao Espiritismo por uma série de fenômenos
naturais e por inenarráveis aflições íntimas, que me foram
impostas pelo passado cheio de compromissos com Entidades a quem eu vitimara, despertei para o intercâmbio com
o Mais-além através do sonambulismo espontâneo e da psi-
cografia mecânica.

Pouco afeita aos estudos sérios da Revelação Kardequiana, entretinha-me na frivolidade da quiromancia e dos
favores divinatórios, através dos quais, no entanto, os Espíritos superiores se serviam, utilizando-se dos meus registros
mediúnicos para me conduzirem, como aos meus clientes,

---

49. E. L. [Espírito]. *A grande usina*. In: FRANCO, Divaldo Pereira [por
diversos Espíritos]; PEREIRA, Nilson de Souza (org.). **Depoimentos
vivos**. 1. ed. Salvador: Editora LEAL, 1976, p. 93-96 (nota do
organizador).

à retificação dos erros, à prática do bem, ao exercício ininterrupto e correto da mediunidade.

Conheci de perto, no corpo somático, venerandos companheiros da sementeira espiritista na cidade do Rio de Janeiro. Fui largamente beneficiada pela convivência ao lado de abnegados lidadores da caridade, da iluminação dos Espíritos pela palavra nobre, do amor ao próximo. Apesar disso, detive-me, infelizmente, apenas no <u>pórtico</u> da mediunidade...

Muitas vezes, em deslumbramento, acompanhava a celeridade de minha mão enchendo laudas e laudas de papel com romances e instruções, hoje em letra de forma. Na coletividade espiritista brasileira, pela minha boca, abnegados mensageiros do Mundo maior <u>encandeceram</u> o verbo da redenção, elucidando, consolando, advertindo. Entidades sofredoras, como eu mesma, serviram-se da minha instrumentabilidade para trazer seus depoimentos de dor e receberem, nos banquetes inesquecíveis das sessões em que tive a honra de <u>privar</u>, a palavra arrebatada de amor e a diretriz segura pela voz embargada dos diretores encarnados, fortemente vinculados aos Planos espirituais.

Mas não fui além. Faltou-me o espírito de abnegação. Quando soou a minha hora de retorno, despertei, lamentavelmente atormentada, com a consciência livre das <u>peias</u> pieguistas e justificadoras da autocomplacência em que me demorava. Contemplei, então, imensa gleba que eu poderia ter joeirado, o campo a se desdobrar em *tarefas* e *tarefas* de terra nobre que me foram dadas a zelar, vencido pela inutilidade, pelo escalracho do abandono, pela estagnação, miraculosamente transformado em <u>valhacouto</u> de malfeitores e reduto miasmático de peste, <u>referto</u> de animais perniciosos...

Não é necessário que eu descreva a apreensão que de mim se apossou! A consciência vigorosa despertando sob o látego da culpa, as mãos vazias de feitos iluminativos que projetassem no céu dos meus tormentos as estrelas fulgurantes da caridade dilatada tornaram-se suplício ominoso.

Lembrei-me, então, dos tempos de religiosa, ao impositivo da fé romana, e como o pranto me inundasse, de repente me deparei numa igreja. Senti-me estranha em mim mesma...

Sim, não me faltou a caridade paternal de benfeitores generosos e anônimos, do meu anjo da guarda, que me sustentavam... Faltou-me, sim, mérito próprio, aquele aplauso que a consciência oferece sem palavras a quem age como operário que dá conta do seu dever, e verifiquei, na casa antiga de adoração a Deus, o desequilíbrio de Entidades perniciosas e malévolas, e a quase ausência daquela vitalidade de fé que me asserenasse interiormente. Fui conduzida, então, por essas mãos anônimas e santas que eu não percebia, ao Centro Espírita em que eu mourejara, sendo a paisagem ali mui diversa. Ouvia, agora, a palavra de exposições doutrinárias com outros *ouvidos*; com outros *olhos* via e sentia, com singular percepção, as vibrações de difícil descrição, enquanto a tônica do nome do Senhor era calmante e medicamento refazente.

Eram, no entanto, os mesmos homens que eu conhecera; algumas, as mesma mulheres doutrora. Como eu os via agora, compreendia que eram operários da grande usina do Amor Divino, vinculados à administração do Alto, na execução de um programa adredemente traçado, do qual se desincumbiam a contento.

Então, irmãos da fé vivificadora, quanto de bênçãos ali recolhi, quanto de renovação se apossou da minha alma!

Só então compreendi a missão do Centro Espírita – tardiamente, é verdade –, e o sacerdócio da mediunidade se me afigurou como a mais santificante oportunidade que um Espírito pode receber para ressarcir débitos e elevar-se. Compreendi que, se na outra Igreja a fé era um lírio espontâneo que medrava, vencendo dificuldades, ali, no Centro Espírita, a palavra do Senhor era lição viva em diferente Escola educativa, donde a luz projetada em farta messe a todos iluminava interiormente.

Venho rogar, meus irmãos, para que tentem registrar com fidelidade o programa divino nas paisagens mentais, desde que estão vinculados à administração da Usina da Vida, detentora de vasto programa a executar.

Ante as dores que nos chegam e nos surpreendem, que vocês não digam: "Nada tenho com o meu vizinho!".

O espírita não se pode acomodar na indiferença. É parcela ativa de quanto se passa em derredor, por ser mensageiro da luz. Não sentir-se ofendido nem magoado nunca, porquanto a estrela clarificadora não retribui o negrume da noite com trevas...

Venho pedir-lhes, companheiros da fé, maior espírito de integração no Espírito de Jesus Cristo, para melhor sintonia com a Vida e mais feliz desembaraço na jornada.

... E o solicito macerada pela experiência do fracasso próprio.

Que o Senhor nos abençoe!

E. L.

Ordenação por Autor Espiritual

Título da Mensagem	Espírito	Obra de Origem
Convite aos espíritas	Aristides Spínola	*Terapêutica de emergência*
Problemas e Doutrina Espírita	Arthur de Souza Figueiredo	*Depoimentos vivos*
Confissão-apelo	Arthur Marcos	*Depoimentos vivos*
Compromisso com a fé espírita	Bezerra de Menezes	*Reformador,* dezembro de 2002
A unificação dos espíritas é trabalho para todos os dias	Bezerra de Menezes	*Reformador,* janeiro de 1998
Ante a unificação	Bezerra de Menezes	*Compromissos iluminativos*
Unificação e união	Bezerra de Menezes	*Sementes de vida eterna*
Ante o novo Santuário de Ismael	Bezerra de Menezes	*Sol de esperança*
Vivência espírita	Bezerra de Menezes	*Depoimentos vivos*
União e unificação	Bezerra de Menezes	1º Congresso Espírita do Estado do Rio de Janeiro, em 25 de janeiro de 2004
Sociologia espírita	Deolindo Amorim	*Luzes do alvorecer*
Templo Espírita	Djalma Montenegro de Faria	*Crestomatia da imortalidade*
Centro Espírita	Djalma Montenegro de Faria	*Sementeira da fraternidade*
A grande usina	E. L.	*Depoimentos vivos*
Porta e chave	Eurípedes Barsanulfo	*Sol de esperança*
Trabalho unificador	Francisco Spinelli	*Sementeira da fraternidade*

Unificação	Francisco Spinelli	*Crestomatia da imortalidade*
Aos espíritas gaúchos	Francisco Spinelli	*Antologia espiritual*
Novos rumos	Guillon Ribeiro	*Sol de esperança*
Teste tríplice	Ignotus	*Sementeira da fraternidade*
O congresso	Ignotus	*Seara do bem*
A missão do Consolador	Ivon Costa	*Reformador*, abril de 1981
Equipe de trabalho	Joanna de Ângelis	*Rumos libertadores*
Os novos obreiros do Senhor	Joanna de Ângelis	*Após a tempestade*
Ante a seara espírita	Joanna de Ângelis	*Espírito e vida*
Fenômeno e Doutrina	Joanna de Ângelis	*Messe de amor*
Momento de avaliação	Joanna de Ângelis	*Alegria de viver*
Promoção	Joanna de Ângelis	*Florações evangélicas*
Planejamento	Joanna de Ângelis	*Espírito e vida*
Donde vens?	Joanna de Ângelis	*Seara do bem*
O Centro Espírita	João Cléofas	*Suave luz nas sombras*
Renovar unificando	José Lopes Neto	*Sementeira da fraternidade*
Carta aos companheiros	José Petitinga e Vianna de Carvalho	Centro Espírita Caminho da Redenção, 20 de novembro de 1978
Liderança no ideal	Lins de Vasconcellos	*Reformador*, maio de 1981
Definição espírita	Lins de Vasconcellos	*Sementes de vida eterna*
Entendimento e unificação	Lins de Vasconcellos	*Sementeira da fraternidade*
Na seara espírita	Lins de Vasconcellos	*Crestomatia da imortalidade*
Tarefas espíritas	Marco Prisco	*Legado kardequiano*
Terapêuticas evangélicas	Marco Prisco	*Momentos de decisão*
Desertores e acusadores do Espiritismo	Vianna de Carvalho	*Sementeira da fraternidade*
Fidelidade doutrinária	Vianna de Carvalho	*Luzes do alvorecer*

Pequeno Glossário

Sem nenhuma intenção de querer subestimar o nível cultural de nossos leitores, optamos por inserir um pequeno glossário para as palavras e locuções sublinhadas nesta obra, em ordem de aparição, destinado aos leitores iniciantes, para melhor filtragem do conteúdo das mensagens, como uma forma prática de consulta, de memorização, de incentivo à leitura e enriquecimento cultural. Para isso, utilizamo-nos dos dicionários Houaiss, Caldas Aulete, Michaelis e Infopédia.

Incutir – introduzir; infundir, inspirar.
Senda – caminho; vereda, sendeiro.
Truanesco – relativo ou pertencente a truão (bobo, saltimbanco, rufião, ladrão).
Ergástulo – na Roma antiga, cárcere em que se confinavam os escravos; cárcere, prisão, calabouço.
Postergar – deixar para depois; adiar.
Ressumar – deixar transparecer; mostrar-se, revelar-se.
Atavismo – tendência em retomar o estilo de vida, os costumes e as ideias dos antepassados.
Envidar – imprimir, aplicar com empenho (recursos, iniciativas, diligências etc.).

Escol – de qualidade superior.

Desincumbir – levar a efeito uma incumbência, uma missão, um encargo.

A contento – de modo satisfatório.

Ultramontano – que ou aquele que é partidário do ultramontanismo (política centralizadora da Igreja católica).

Paracleto – o Espírito Santo.

Expender – expor ou explicar de maneira minuciosa.

Hecatombe – destruição, grande desgraça.

Sega – ato ou efeito de segar; ceifa.

Ensementar – lançar sementes a; semear.

Medrar – ir aumentando, ganhar corpo, desenvolver-se, avolumar-se.

Escalracho – planta daninha e invasora das searas; esgalracho, galracho.

Sarçal – extenso aglomerado de sarças em determinada área; silvado, silveira, silveiral.

Seara – extensão de terra cultivada; terra que se semeia depois de lavrada.

Postulado – o que se considera como fato reconhecido e ponto de partida, implícito ou explícito, de uma argumentação; premissa.

Calhaus – pedaço, fragmento de rocha dura.

Dúlcido – que se caracteriza pela doçura; brando, meigo, suave.

Consumpção – ato ou efeito de consumir(-se), de gastar(-se) até a destruição final; consumição.

Palmilhar – andar por, percorrer a pé detidamente; palmear.

Pulcritude – qualidade do que é pulcro; beleza, formosura.

Ínclito – notável por seus méritos e qualidades excepcionais; egrégio, celebrado, famoso, ilustre.

Discrepar – ser diferente; diferir; estar em discordância; divergir, dissentir.

Grei – rebanho; grupo formado por pessoas que se unem com um fim determinado; grupo, grêmio, sociedade.

Mourejar – trabalhar muito (como um mouro); afainar(-se).

Aprisco – curral destinado ao abrigo de ovelhas; redil.

Arestas – detalhes, pequenos pontos de desacordo ou conflito.

Buril – instrumento com ponta de aço ou de substância dura para cortar e gravar em metal, lavrar pedra, etc.; cinzel.

Parlamentação – ação ou efeito de parlamentar (fazer negociações, conversar em busca de um acordo).

Acrimônia – comportamento indelicado; acridez, aspereza.

Soez – que não tem bom caráter; baixo, vil, ordinário.

Anatematizar – reprovar(-se) com veemência; condenar(-se), amaldiçoar(-se).

Cerne – parte central ou essencial de; âmago, centro, íntimo.

Exsudar – segregar ou sair em forma de gotas ou de suor.

Ubérrimo – extremamente úbere; muito abundante, muito fértil.

Empeço – o que empece; empecilho.

Urze – design. comum a numerosas plantas da fam. das ericáceas, esp. às do gên. *Erica*; abetoiro, abetouro, bitoiro, bitouro.

Jazer – situar-se, encontrar-se; ficar, localizar-se.

Tisnar – sujar(-se) com mancha ou nódoa; macular(-se), sujar(-se).

Contenda – altercação, rixa, discussão; discórdia.

Consecução – ato ou efeito de conseguir; conquista, obtenção.

Sobrenadar – nadar à superfície, vogar à tona da água; boiar, flutuar.

Diatribe – crítica severa e mordaz.

Nefando – moralmente degradado; corrupto, depravado.

Clarinada – toque ou som de clarim (instrumento de bocal, com tubo mais estreito que o da corneta).

Dirimir – tornar nulo; suprimir, extinguir, desfazer.

Inércia – falta de reação, de iniciativa; imobilismo, estagnação.

Tácito – não traduzido por palavras; silencioso, calado.

Ouropel – brilho falso; esplendor aparente.

Juncado – coberto com folhas, ramos ou quaisquer outros materiais (diz-se de campo, praia, estrada etc.).

Potentado – indivíduo poderoso, influente e/ou rico.

Fulgurar – emitir ou refletir luz, brilho intenso; luzir, brilhar, resplandecer.

Ginete – cavalo bem proporcionado, adestrado e de boa raça.

Disjunção – ato ou efeito de disjungir; separação, desunião.

Intimorato – não timorato, que não sente temor; destemido, valente.

Intrepidez – qualidade de intrépido; arrojo, bravura, coragem, intrepideza.

Penedia – conjunto de penedos ('rochedos').

Ínvios – em que não se pode transitar; intransitável.

Primazia – prioridade, primado.

Erigir – construir, levantar (obra arquitetônica).

Falange – qualquer corpo de tropas.

Intemerato – não corrompido, sem mácula; íntegro, puro, incorrupto.

Encetar – dar início a; principiar, começar.

Oscular – dar um ósculo ou dar ósculos (em algo, alguém, em alguma parte do próprio corpo, ou mutuamente); beijar.

Camartelo – qualquer instrumento ou objeto us. para quebrar, demolir, bater repetidamente (tb. fig.).

Talante – decisão dependente apenas da vontade; alvedrio, arbítrio, desejo.

Aos espíritas

Coletânea de mensagens sobre a unificação, o Movimento Espírita e os espíritas

Indene – que não sofreu perda, dano; livre de prejuízo.

Sepulcro – local onde morre muita gente; sepultura.

Arrazoado – discurso, defesa de uma causa; exposição de razões.

Alvitre – notícia, novidade (ger. boa ou capaz de trazer proveito).

Esgrimir – manipular (algo) como arma, em discussão ou polêmica.

Absconso – que se encontra escondido; abscôndito, oculto.

Primevo – dos primeiros tempos de (algo); inicial, primeiro.

Reptar – manter oposição a.

Tíbio – pouco zeloso.

Impávido – que não tem ou não demonstra medo; que não se deixa abalar pelo temor; corajoso, destemido, intrépido.

Estrugir – soar ou vibrar fortemente (em); estrondear, retumbar.

Tolher – não deixar manifestar-se; coibir, embargar.

Arrefecer – desanimar ou provocar o desânimo de; desanimar(-se), desalentar(-se).

Velador – utensílio formado de uma haste de madeira apoiada numa base, tendo na parte superior uma espécie de disco onde se coloca um candeeiro ou uma vela.

Jactância – atitude de alguém que se manifesta com arrogância e tem alta opinião de si mesmo; vaidade, orgulho, arrogância.

Plasmar – dar forma a (alguém, algo ou si mesmo); modelar(-se), organizar(-se).

Granítico – rijo como pedra.

Superlativo – elevado ao mais alto ponto ou grau.

Famélico – que tem muita fome; faminto.

Estiolado – debilitado, enfraquecido, adoentado.

Condicente – mesmo que condizente (que condiz; que está em harmonia, em proporção ou de acordo).

Lobrigar – tomar consciência de; notar, perceber, entender.

Desiderato – o que se deseja; aspiração, *desideratum*.

Engodo – qualquer tipo de cilada, manobra ou ardil que vise enganar, ludibriar outrem, induzindo-o a erro.

Consentâneo – conforme à razão ou à ocasião.

Pábulo – aquilo que mantém, que sustenta; alimento, sustento.

Prurido – forte desejo; tentação, impaciência, inquietação.

Colimar – ter em vista; visar a; objetivar, pretender.

Consubstanciar – dar substância a algo abstrato; corporificar, materializar, concretizar.

Siso – boa capacidade de avaliação, bom senso; juízo, tino.

Solução de continuidade – divisão, interrupção, hiato.

Estribado – que se apoia, sustenta física ou moralmente em (alguma coisa).

Óbice – aquilo que obsta, impede; empecilho, estorvo.

Esboroar – reduzir(-se) a pequenos fragmentos, a pó; desfazer(-se), desmoronar(-se), pulverizar(-se).

Singrar – navegar, seguir caminhos (das águas).

Inopino – mesmo que inopinado (que sobrevém de forma imprevista ou inesperada; súbito).

Torvelinho – movimento de rotação em espiral; redemoinho, remoinho.

Elucubração – mesmo que lucubração (meditação, reflexão profunda).

Modus vivendi – modo de viver, de conviver, de sobreviver.

Refrega – lida, trabalho.

Démarches – ação realizada com empenho e diligência; esforço, providência.

Magno – que pela importância se sobrepõe a tudo que lhe é congênere; de grande relevância.

Arregimentar – reunir(-se) em partido, associação ou grupo; alinhar(-se).

Aguerrido – que demonstra belicosidade; exaltado, violento.

Acérrimo – muito perseverante; firme, obstinado.

Tergiversar – usar de evasivas ou subterfúgios; procurar rodeios.

Concitar – transmitir vontade a; animar, encorajar, estimular.

Cizânia – falta de harmonia; desavença, rixa, discórdia.

Anuência – ação ou efeito de anuir; anuição, aprovação, consentimento.

Intempestivo – que acontece em momento não propício, inoportuno.

Ínfimo – que ou o que é muito pequeno em suas dimensões, volume, quantidade, intensidade.

Escoimar – livrar ou libertar de coima, pena, censura; desacoimar.

Extirpam – arrancar pela raiz.

Inamovível – que se mantém inabalável, incorruptível.

Augurar – fazer votos de; desejar intensamente.

Escopro – ferramenta metálica para lavrar pedras, madeiras etc.

Mister – tarefa que se deve realizar; incumbência, serviço.

Palavroso – que tem muitas palavras.

Semovente – que anda ou se move por si próprio; que tem vida própria, podendo ausentar-se de algum lugar.

Epíteto – qualificação elogiosa ou injuriosa dada a alguém; alcunha, qualificativo.

Malquerença – estado ou sentimento de malquerente; inimizade, hostilidade, malquerer.

Salutar – saudável.

Eldorado – lugar que oferece muitas oportunidades de prosperidade.

Argúcia – argumento capcioso, ardiloso, matreiro.

Adensar – aumentar em número.

Eivar – pôr mancha em; provocar falha física ou moral; infectar, contaminar; aliciar, levar ao vício.

buena-dicha – sorte fausta ou infausta de um indivíduo, supostamente inferida por algum meio ocultista (p. ex., pelas linhas da mão); sina, fortuna.

Torpe – que contraria ou fere os bons costumes, a decência, a moral; que revela caráter vil; ignóbil, indecoroso, infame.

Impérvio – que não dá passagem; em que não se pode transitar; intransitável.

A posteriori – posteriormente; depois.

Cognominar – denominar alguém por cognome; dar (a alguém ou a si mesmo) um cognome; alcunha.

Lucigênito – gerado na ou pela luz.

Glande – fruto aquênico do gênero *Quercus*, conhecido vulgarmente como bolota, que tem um pericarpo coriáceo envolvido na base por uma cúpula receptacular.

Precípuo – mais importante; principal, essencial.

Cancro – centro e fonte de corrupção, aviltamento ou enfraquecimento alastrantes e progressivos.

Atrabiliário – melancólico; colérico; irascível.

Obumbrar – tornar (o conhecimento, o saber) acessível a poucos; ocultar, velar.

Vicissitude – condição que contraria ou é desfavorável a algo ou alguém; insucesso, revés.

Dita – sorte favorável; fortuna, ventura; destino, fado.

Ingente – muito grande, enorme, desmedido.

Aos espíritos

Coletânea de mensagens sobre a unificação, o Movimento Espírita e os espíritos

Peleja – trabalho, lida.

Malversador – que ou aquele que malversa; dilapidador, malbaratador.

Comezinho – que é próprio da vida comum; corriqueiro.

Propugnar – lutar em defesa de (algo); defender, pugnar.

Sub-reptício – feito às ocultas; furtivo, dissimulado, clandestino.

Enxerto – ato ou efeito de enxertar (fazer juntar ou juntar-se, acrescentar(-se) a; introduzir(-se), inserir).

Revolução Industrial – conjunto das transformações socioeconômicas iniciadas por volta de 1760, na Inglaterra (e mais tarde nos outros países), e caracterizadas esp. pela substituição da mão de obra manual pela tecnologia (tear mecânico e máquina a vapor, a princípio), seguida da formação de grandes conglomerados industriais.

Sublevar – erguer, elevar, sobrelevar.

Acoimado – que se acoimou; censurado, multado, punido.

Prevaricador – que ou aquele que prevarica (faltar ao cumprimento do dever por interesse ou má-fé).

Engendrar – dar existência a; formar, gerar.

Detrimento – dano moral ou material; prejuízo, perda.

Cumeada – apogeu, ápice (mais us. no pl.).

Indeclinável – não declinável; que não se pode declinar, evitar, recusar; inevitável, irrecusável.

Coibir – fazer cessar; impedir que continue; refrear, reprimir.

Vendilhão – pessoa que vende nas praças, feiras e mercados.

Idôneo – que é digno, honrado e de honestidade inquestionável.

Tômbola – espécie de loteria de sociedade praticada com fins beneficentes e em que os prêmios não são em dinheiro.

Descurar – não dispensar cuidados a (algo, alguém ou si mesmo); desamparar.

Granjear – conquistar; atrair.

Esfaimado – que tem fome; faminto, esfomeado.

Estrebaria – estabelecimento, local onde ficam os cavalos e os arreios; cavalariça, cocheira.

Outeiro – pequena elevação de terreno; monte.

Mestre-escola – professor de instrução primária; mestre de meninos, mestre de primeiras letras.

Chiste – qualidade do que é engraçado; comicidade, graça.

Sacrário – lugar íntimo onde se abrigam os sentimentos; o mais recôndito do coração ou da alma.

Repuxo – a água que sai em jato contínuo.

Proselitista – relativo a proselitismo (tentativa persistente de persuadir ou convencer outras pessoas a aceitar suas crenças, em geral relativas à religião ou à política).

Depurativo – que ou o que depura; que ou o que purifica o organismo de suas toxinas e resíduos.

Polivalência – caráter ou qualidade de polivalente (que executa diferentes tarefas; versátil).

Pilotis – cada uma das colunas estruturais formadoras de um conjunto que sustenta uma construção, deixando livre, ou quase livre, o pavimento térreo.

Amarfanhado – que está com pregas ou vincos; amachucado, amarfalhado, amarrotado, machucado.

Cardo – nome extensivo a várias plantas, mais ou menos espinhosas.

Azado – que é conveniente; oportuno, propício.

Instância – ato de instar (pedir com instância, com insistência; solicitar reiteradamente; insistir).

Malogro – falta de sucesso; resultado ruim; insucesso, fracasso, desdita.

Ensancha – azo, oportunidade, ensejo.

Aos espíritas

Coletânea de mensagens sobre a unificação, o Movimento Espírita e os espíritas

Tresloucados – que ou quem é desprovido de razão, falto de juízo; louco, desvairado.

Guindar – alçar(-se) a uma posição elevada.

Asceta – em referência a ascetério (lugar próprio para a meditação e para a vida ascética; convento, mosteiro, ascetano).

Vaivém – sucessão de mudanças de curso que ocorrem na vida, nos eventos, na sorte.

Incúria – falta de cuidado; desleixo, negligência.

Bafejo – ato ou efeito de bafejar (dar coragem, estímulo ou incentivo a; animar, estimular, incitar).

Volver – tornar a; voltar a.

Predito – que se predisse; prenunciado, vaticinado.

Fastígio – posição de relevo; apogeu, auge.

Acendrado – limpo, puro, purificado, acrisolado.

Plúmbeo – que é tristonho, soturno, pesado.

Assoberbado – rico, cheio, repleto.

Lídimo – reconhecido como legítimo, autêntico.

Retorta – vaso de gargalo estreito e curvo, para destilações.

Rutilante – que rutila; que fulgura ou resplandece com vivo esplendor; luzente, cintilante.

Malograr – levar ao fracasso ou fracassar; não ser bem-sucedido; frustrar(-se), baldar(-se).

Inefável – que não se pode nomear ou descrever em razão de sua natureza, força, beleza; indizível, indescritível.

Empestar – perverter moralmente; aliciar, corromper; desmoralizar.

Veleidade – ideia caprichosa ou excêntrica que aflora à mente; fantasia.

Desassisado – que ou quem não tem siso, juízo; desatinado, dessisudo, desvairado, doido.

Arrolar – inscrever(-se) em (grupo organizado); alistar(-se), engajar(-se).

Infrene – desprovido de freio; desenfreado.

Pujança – grande força; grandeza, magnificência.

Melindre – disposição para se ressentir, se ofender (ger. por coisa insignificante); suscetibilidade.

Quiçá – possivelmente, mas não com certeza; talvez, porventura.

Trânsfuga – aquele que renega seus princípios, que se descuida de seus deveres.

Zurzir – repreender com severidade, criticar acerbamente (alguém ou algo).

Olvidar – esquecer(-se); não se lembrar; não vir à memória.

Eximir – tornar(-se) isento; dispensar(-se), desobrigar(-se).

Exegeta – indivíduo que realiza exegese (p. ex., da Bíblia, de uma lei); comentarista, intérprete.

Hodierno – que existe ou ocorre atualmente; atual, moderno, dos dias de hoje.

Obnubilar – causar obnubilação em (sofrer ofuscação e obscurecimento da consciência; turvação, enevoamento).

Afecção – qualquer alteração patológica do corpo; estado de morbidez; anormalidade psíquica.

Agrura – dissabor, aflição, insatisfação.

Bafejado – que foi favorecido; beneficiado.

Imantar – conferir a (metal) propriedades magnéticas; imanar, imanizar, magnetizar.

Esparzir – mesmo que espargir (espalhar, derramar, disseminar, difundir).

Exórdio – o início de um discurso; preâmbulo, prólogo, proêmio.

Alquebrado – que anda curvado, devido a doença, cansaço ou velhice; que se apresenta abatido, cansado, prostrado.

Incógnita – aquilo que se desconhece e se busca saber.

Aos espíritas

Coletânea de mensagens sobre a unificação, o Movimento Espírita e os espíritas

Profitente – que professa; professor.

Preclaro – que se distingue pelo mérito, pelo saber; ilustre, notável, famoso.

Catilinária – imprecação ou acusação violenta contra alguém.

Faina – qualquer trabalho árduo que se estende por muito tempo.

Nauta – mesmo que navegante.

Grabato – leito pequeno e miserável; catre.

Prosápia – orgulho, jactância, vaidade, fanfarrice.

Perscrutar – averiguar minuciosamente; examinar.

Lustral – que purifica, invoca proteção, livra de culpas.

Linfa – a água, esp. a límpida.

Lábaro – bandeira, estandarte, pendão.

Imprecar – rogar pragas a; praguejar.

Açular – provocar, intensificar a energia, a vontade de (alguém ou si mesmo) [para a realização de algo]; estimular(-se), excitar(-se).

Desídia – falta de atenção, de zelo; desleixo, incúria, negligência.

Acúleo – ponta acerada, afiada; aguilhão, ferrão, pua.

Viandante – que ou o que viaja; viajante, viageiro, peregrino; que ou o que caminha; caminhante, passante, transeunte.

Regatear – conceder com reserva.

Casula – paramento eclesiástico, de seda, damasco etc., guarnecido de galões cujas cores variam conforme o rito, e que o sacerdote veste sobre a alva e a estola para celebrar missa.

Cogula – espécie de túnica larga, sem mangas, us. por certos religiosos monacais, como, p.ex., os beneditinos.

Ganga – parte não aproveitável de uma jazida, filão ou veeiro.

Fulcro – ponto de apoio; sustentáculo, base.

Pernicioso – que faz mal; nocivo, ruinoso.

Desposar – abraçar, assumir como sua (ideia etc.); adotar.

Entrementes – nesse ou naquele espaço de tempo; entretanto, nesse ínterim, nesse meio-tempo.

Estremunhado – que se estremunhou; sonolento, estrovinhado.

Galé – pessoa condenada a trabalhos forçados (remar) a bordo dos navios desse nome.

Invectivar – pronunciar invectivas (discurso veemente contra algo ou alguém).

Prescindir – passar sem, pôr de parte (algo); renunciar a, dispensar.

Devoluto – que não tem habitantes; desocupado, vago, vazio.

Agrimensor – que ou quem está legalmente habilitado para medir, dividir e/ou demarcar terras ou propriedades rurais.

Matiz – gradação de uma cor ou cores; nuança.

Planificar – estabelecer plano, projeto ou roteiro para.

Páramo – abóbada celeste; céu, firmamento.

Aquilatar – apreciar, avaliar, julgar o valor de (alguém ou algo).

Cotejo – ato, processo ou efeito de cotejar pessoas, coisas, elementos etc. diversos, investigando-lhes possíveis semelhanças e/ou diferenças; comparação.

Bigorna – bloco de ferro revestido de aço, de corpo central em forma de paralelepípedo e extremidades afilando-se em cone ou pirâmide, que se apoia sobre um cepo e sobre o qual se forjam ou malham diferentes metais, a quente ou a frio, para os moldar; incude.

Escamotear – fazer com que (algo) desapareça sem que ninguém perceba.

Egolatria – amor exagerado pelo próprio eu; culto de si mesmo; egotismo.

Recrudescimento – reaparecimento de algo com maior intensidade.

Bruma – nevoeiro, neblina.

Divisar – distinguir pela visão; avistar, enxergar.

Sopitar – refrear, conter, reprimir.

Exorbitar – desviar-se de uma norma ou exceder os justos limites, o razoável.

Infenso – em oposição a; inimigo de; contrário, hostil, oponente.

Passadismo – devoção ao passado; saudosismo.

Empáfia – orgulho vão, arrogância, insolência, presunção.

Proscrever – impedir a permanência de; expulsar, afastar.

Mujique – homem rude, do povo.

Réprobo – que ou aquele que foi banido da sociedade; malvado, detestado, infame.

Inexequível – que não pode ser executado, realizado ou cumprido; irrealizável.

Escorreito – que não tem defeito, falha ou lesão; que tem apuro, que é correto.

Apregoar – divulgar por pregão; anunciar em voz alta, tornar de conhecimento público; publicar, divulgar.

Auscultar – examinar com atenção.

Prodigalizar – dar em grande quantidade.

Quimera – produto da imaginação, sem possibilidade de realizar-se; absurdo, fantasia, utopia.

Tirocínio – aprendizado; experiência.

Drágea – comprimido ou medicamento com revestimento açucarado; drageia.

Fagueiro – que afaga; meigo, carinhoso, suave.

Alígero – ligeiro, veloz, rápido.

Malbaratar – desperdiçar, dilapidar.

Soma – o corpo como um todo.

Ultor – que ou aquele que vinga; vingador.

Verdugo – indivíduo cruel, que inflige maus-tratos a alguém; carrasco; algoz.

Alvitrar – sugerir, lembrar algo (a alguém); propor, aconselhar.

Circunstante – que está ao redor; circunjacente.

Arengar – fazer arenga; discursar, pregar.

Incensar – enganar ou iludir, geralmente com elogios ou promessas.

Ovação – aclamação pública, aplausos destinados a alguém ou a algo.

Sequaz – parceiro de criminoso; capanga.

Estafante – que causa estafa ('cansaço').

Espoliar – desapoderar (pertence alheio), privar (alguém) de (algo) por meios ilícitos, ilegítimos ou violentos; despojar, esbulhar.

Desobrigar – livrar(-se), isentar(-se) de obrigação, dever ou compromisso.

Canga – pau assentado nos ombros de carregadores e us. para transportar objetos pesados.

Louvaminha – ato ou efeito de louvaminhar; elogio excessivo; adulação, lisonja.

Tabernáculo – local de habitação; residência, morada.

Risota – atitude zombeteira; galhofa, deboche.

Ministrar – dar, fornecer.

Infetado – que se infetou; infectado, infeccionado.

Lanhado – que se feriu; golpeado.

Frontispício – fachada principal de um edifício; frontaria.

Laudatório – que louva, que contém louvor.

Aos espíritas

Coletânea de mensagens sobre a unificação, o Movimento Espírita e os espíritas

Tachar – qualificar (algo, alguém ou si mesmo) de (atributo negativo).

Avinagrar – tornar(-se) azedo; azedar(-se).

Impingir – obrigar (alguém) a aceitar (algo que não deseja); empurrar, impor.

Aquinhoar – conceder (algo) a (alguém); contemplar.

Quiromancia – suposta arte divinatória de predizer o futuro segundo as linhas e os sinais da mão; quiroscopia.

Pórtico – entrada; porta principal; portal, portada.

Encandecer – tornar candente; pôr em brasa.

Privar – tomar parte; compartilhar, participar.

Peia – aquilo que impede; obstáculo, estorvo, embaraço.

Valhacouto – abrigo, esconderijo.

Referto – muito cheio; pleno, abundante, volumoso.

Látego – flagelo; castigo.

Lábaro – bandeira, estandarte, pendão.

Suplício – tudo o que causa grande sofrimento moral.

Ominoso – que anuncia ou traz mau agouro, desventura, infelicidade; que inspira aversão, ódio; abominável, detestável, execrável.

Referências

A BÍBLIA. **O Novo Testamento**. 1. ed. Tradução de Haroldo Dutra Dias. Brasília: FEB, 2013.

ALVES, Rubem. **A alegria de ensinar**. 1. ed. Campinas: Papirus Editora, 2000, p. 33-37.

AMORIM, Deolindo [Espírito]. *Sociologia espírita*. In: FRANCO, Divaldo Pereira [por diversos Espíritos]. **Luzes do alvorecer**. 1. ed. Salvador: Editora LEAL, 2001, p. 187-191.

ÂNGELIS, Joanna de [espírito]. Donde vens?. In: FRANCO, Divaldo Pereira [por diversos Espíritos]. **Seara do bem**. 1. ed. Salvador: Editora LEAL, 1984, p. 126-128.

BARSANULFO, Eurípedes [Espírito]. Porta e chave. In: FRANCO, Divaldo Pereira [por diversos Espíritos]. **Sol de esperança**. 1. ed. Salvador: Editora LEAL, 1978, p. 91-93.

CARVALHO, Vianna de [Espírito]. *Desertores e acusadores do Espiritismo*. In: FRANCO, Divaldo Pereira [por diversos Espíritos]. **Sementeira da fraternidade**. 1. ed. Salvador: USEB, 1972, p. 118-122.

CARVALHO, Vianna de [Espírito]. *Fidelidade doutrinária*. In: FRANCO, Divaldo Pereira [por diversos Espíritos]. **Luzes do alvorecer**. 1. ed. Salvador: Editora LEAL, 2001, p. 43-47.

DICIONÁRIOS PORTO EDITORA. **Dicionário Infopédia da Língua Portuguesa**. On-line. Porto Editora.

E. L. [Espírito]. A grande usina. In: FRANCO, Divaldo Pereira [por diversos Espíritos]; PEREIRA, Nilson de Souza (org.). **Depoimentos vivos**. 1. ed. Salvador: Editora LEAL, 1976, p. 93-96.

FARIAS, Djalma Montenegro de [Espírito]. *Templo Espírita*. In: FRANCO, Divaldo Pereira [por diversos Espíritos]. **Crestomatia da imortalidade**. 1 ed. Salvador: LEAL, 1969, p. 95-100.

FARIAS, Djalma Montenegro de [Espírito]. *Centro Espírita*. In: FRANCO, Divaldo Pereira [por diversos Espíritos]. **Sementeira da fraternidade**. 1 ed. Salvador: USEB, 1972, p. 207-208.

FIGUEIREDO, Arthur de Souza [Espírito]. Problemas e Doutrina Espírita. In: FRANCO, Divaldo Pereira [por diversos Espíritos]; PEREIRA, Nilson de Souza (org.). **Depoimentos vivos**. 1. ed. Salvador: Editora LEAL, 1976, p. 97-99.

FRANCO, Divaldo Pereira [por diversos Espíritos]. **Sob a proteção de Deus**. 1. ed. Salvador: Editora LEAL, 1994, p. 11.

FRANCO, Divaldo Pereira; CLÉOFAS, João [Espírito]. **Suave luz nas sombras**. 1. ed. Salvador: Editora LEAL, 1993, p. 104-105.

Aos espíritas

Coletânea de mensagens sobre a unificação, o Movimento Espírita e os espíritas

FRANCO, Divaldo Pereira; MENEZES, Bezerra de [Espírito]. *A unificação dos espíritas é trabalho para todos os dias.* Revista **Reformador**, Brasília, ano 116, n. 2026, p. 20-21, jan. 1998.

FRANCO, Divaldo Pereira; COSTA, Ivon [Espírito]. *A missão do Consolador.* Revista **Reformador**, Brasília, ano 99, n. 1825, p. 10-12, abr. 1981.

FRANCO, Divaldo Pereira; VASCONCELLOS, Lins de [Espírito]. *Liderança no ideal.* Revista **Reformador**, Brasília, ano 99, n. 1826, p. 11, mai. 1981.

FRANCO, Divaldo Pereira; MENEZES, Bezerra de [Espírito]. *Compromisso com a fé espírita.* Revista **Reformador**, Brasília, ano 120, n. 2085, p. 8-9, dez. 2002.

FRANCO, Divaldo Pereira; MENEZES, Bezerra de [Espírito]. **Compromissos iluminativos**. 1. ed. Salvador: Editora LEAL, 1991, p. 107-109.

FRANCO, Divaldo Pereira; ÂNGELIS, Joanna de [Espírito]. **Após a tempestade**. 1. ed. Salvador: Editora LEAL, 1974, p. 124-137.

FRANCO, Divaldo Pereira; ÂNGELIS, Joanna de [Espírito]. **Espírito e vida**. 1. ed. Rio de Janeiro: Edições Sabedoria, 1966, p. 145-147.

FRANCO, Divaldo Pereira; ÂNGELIS, Joanna de [Espírito]. **Messe de amor**. 1. ed. Rio de Janeiro: Edições Sabedoria, 1964, p. 78-81.

FRANCO, Divaldo Pereira; ÂNGELIS, Joanna de [Espírito]. **Florações evangélicas**. 1. ed. Salvador: Editora LEAL, 1974, p. 151-154.

FRANCO, Divaldo Pereira; ÂNGELIS, Joanna de [Espírito]. **Espírito e vida**. 1. ed. Rio de Janeiro: Edições Sabedoria, 1966, p. 116-117.

FRANCO, Divaldo Pereira; ÂNGELIS, Joanna de [Espírito]. **Alegria de viver**. 1. ed. Salvador: Editora LEAL, 1987.

FRANCO, Divaldo Pereira; ÂNGELIS, Joanna de [Espírito]. **Rumos libertadores**. 1. ed. Salvador: Editora LEAL, 1978, p. 149-151.

FRANCO, Divaldo Pereira; PRISCO, Marco [Espírito]. **Legado kardequiano**. 1. ed. Salvador: Editora LEAL, 1966, p. 75-79.

FRANCO, Divaldo Pereira; PRISCO, Marco [Espírito]. **Momentos de decisão**. 1. ed. Salvador: Editora LEAL, 1977, p. 43-45.

IGNOTUS [Espírito]. Teste tríplice. In: FRANCO, Divaldo Pereira [por diversos Espíritos]. **Sementeira da fraternidade**. 1. ed. Salvador: USEB, 1972, p. 66-67.

IGNOTUS [Espírito]. O congresso. In: FRANCO, Divaldo Pereira [por diversos Espíritos]. **Seara do bem**. 1. ed. Salvador: Editora LEAL, 1984, p. 92-94.

INSTITUTO ANTÔNIO HOUAISS. **Dicionário Houaiss da Língua Portuguesa**. 1. ed. Rio de Janeiro: Editora Objetiva, 2009.

KARDEC, Allan. **A Gênese**. 53. ed. Tradução de Guillon Ribeiro. Brasília: FEB, 2013, capítulo I, item 30.

KARDEC, Allan. **O Céu e o Inferno**. 61. ed. Tradução de Manuel Justiniano Quintão. Brasília: FEB, 2013 – Primeira Parte, capítulo II, item 10.

Aos espíritas

Coletânea de mensagens sobre a unificação, o Movimento Espírita e os espíritas

KARDEC, Allan. **O Evangelho segundo o Espiritismo**. 131. ed. Tradução de Guillon Ribeiro. Brasília: FEB, 2013, capítulo XIII, item 12.

KARDEC, Allan. **O Livro dos Espíritos**. 93. ed. Tradução de Guillon Ribeiro. FEB: Brasília, 2013, capítulo III, Parte Terceira.

KARDEC, Allan. Obras póstumas. 2. ed. Tradução de Evandro Noleto Bezerra. Brasília: FEB, 2015, Projeto - 1868.

MARCOS, Arthur. Confissão-apelo. In: FRANCO, Divaldo Pereira [por diversos Espíritos]; PEREIRA, Nilson de Souza (org.). **Depoimentos vivos**. 1. ed. Salvador: Editora LEAL, 1976, p. 59-63.

MENEZES, Bezerra de [Espírito]. *Unificação e união*. In: FRANCO, Divaldo Pereira [por diversos Espíritos]. **Sementes de vida eterna**. 1. ed. Salvador: Editora LEAL, 1978, p. 71-74.

MENEZES, Bezerra de [Espírito]. *Ante o novo Santuário de Ismael*. In: FRANCO, Divaldo Pereira [por diversos Espíritos]. **Sol de esperança**. 1. ed. Salvador: Editora LEAL, 1978, p. 11-15.

MENEZES, Bezerra de [Espírito]. *Vivência espírita*. In: FRANCO, Divaldo Pereira [por diversos Espíritos]; PEREIRA, Nilson de Souza (org.). **Depoimentos vivos**. 1. ed. Salvador: Editora LEAL, 1976, p. 77-79.

MICHAELIS. **Dicionário Brasileiro da Língua Portuguesa**. On-line. Editora Melhoramentos Ltda.

MIRANDA, Hermínio Corrêa de. **A memória e o tempo**. 1. ed. São Paulo: Edicel, 1986, p. 57.

NETTO, José Lopes [Espírito]. *Renovar unificando*. In: FRANCO, Divaldo Pereira [por diversos Espíritos]. **Sementeira da fraternidade**. 1. ed. Salvador: USEB, 1972, p. 169-171.

NIETZSCHE, Friedrich. **Obras incompletas**. Tradução e notas de Rubens Rodrigues Torres Filho. 1. ed. São Paulo: Abril Cultural, 1974.

PESSOA, Fernando. **Poemas completos de Alberto Caeiro**. 3. ed. São Paulo: Martin Claret, 2008.

PROJETO CALDAS AULETE. **Dicionário Caldas Aulete da Língua Portuguesa**. On-line. Lexikon Editora Digital.

RIBEIRO, Guillon. *Novos rumos*. In: FRANCO, Divaldo Pereira [por diversos Espíritos]. **Sol de esperança**. 1. ed. Salvador: Editora LEAL, 1978, p. 37-41.

SPINELLI, Francisco [Espírito]. *Aos espíritas gaúchos*. In: FRANCO, Divaldo Pereira [por diversos Espíritos]. **Antologia espiritual**. 1. ed. Salvador: Editora LEAL, 1993, p. 75-77.

SPINELLI, Francisco [Espírito]. *Unificação*. In: FRANCO, Divaldo Pereira [por diversos Espíritos]. **Crestomatia da imortalidade**. 1. ed. Salvador: Editora LEAL, 1969, p. 183-186.

SPINELLI, Francisco [Espírito]. *Trabalho unificador*. In: FRANCO, Divaldo Pereira [por diversos Espíritos]. **Sementeira da fraternidade**. 1. ed. Salvador: USEB, 1972, p. 16-19.

SPÍNOLA, Aristides [Espírito]. Convite aos espíritas. In: FRANCO, Divaldo Pereira [por diversos Espíritos]. **Terapêutica de emergência**. 1. ed. Salvador: Editora LEAL, 1983, p. 33-37.

VASCONCELLOS, Lins de [Espírito]. *Na seara espírita*. In: FRANCO, Divaldo Pereira [por diversos Espíritos]. **Crestomatia da imortalidade**. 1. ed. Salvador: Editora LEAL, 1969, p. 84-88.

VASCONCELLOS, Lins de [Espírito]. *Entendimento e unificação*. In: FRANCO, Divaldo Pereira [por diversos Espíritos]. **Sementeira da fraternidade**. 1. ed. Salvador: USEB, 1972, p. 91-94.

VASCONCELLOS, Lins de [Espírito]. *Definição espírita*. In: FRANCO, Divaldo Pereira [por diversos Espíritos]. **Sementes de vida eterna**. 1. ed. Salvador: Editora LEAL, 1978, p. 199-202.

Anotações

Anotações

Anotações